Answers: P3 —

Section One — Number

Page 3 — Types of Number and BODMAS

Q1 4

Q2 5, -87, 167

Q3
a) $\sqrt[3]{25}$ = 2.92401..., irrational
b) $\sqrt{16}$ = 4, rational
c) $\sqrt{5}$ = 2.23606..., irrational
d) $3 \div 8 = 0.375$, rational
e) $8.4\dot{2} = 8.42222...$, rational
f) Rational

Q4
a) the third cube number (27)
b) the fourth square number (16)

Q5
a) 2
b) e.g. 29
c) 19
d) 19 and 2
e) e.g. 1 or 25

Q6 There's just one: 2 is the only even prime.

Q7 113

Q8
a) 15
b) 4
c) 29
d) 18
e) 4
f) 5
g) 17
h) 4

Q9 $\frac{1}{6}$

Q10 $6^2 = 36$, $3^3 = 27$, prime number = 37 and $10 \times \sqrt{2 \times 5 + 6} = 40$.
So $10 \times \sqrt{2 \times 5 + 6}$ has the largest value.

Pages 4-5 — Multiples, Factors and Prime Factors

Q1
a) 12
b) 3
c) 1, 9
d) 1, 3, 9
e) P = 12, Q = 6

Q2 Any 5 of:
2 groups of 24, 3 groups of 16,
4 groups of 12, 6 groups of 8,
8 groups of 6, 12 groups of 4,
16 groups of 3, 24 groups of 2.

Q3 The Conversational French and Woodturning classes both have a prime number of students and so cannot be divided into equal groups.

Q4
a) 1, 8, 27, 64, 125
b) 8, 64
c) 27
d) 8, 64
e) 125

Q5
a) 2×3^2
b) $2^2 \times 5 \times 7$
c) $2^2 \times 11$
d) 3^4
e) $2 \times 5^2 \times 11$
f) $2^4 \times 5 \times 7$
g) $2^5 \times 3^2$
h) $2^3 \times 13$

Q6
a) $2 \times 3 \times 5^2 \times 7$
b) $2^2 \times 3^2 \times 5 \times 11$
c) $2 \times 3 \times 7 \times 13$
d) $2^2 \times 3^2 \times 5 \times 7$
e) $2 \times 3 \times 7 \times 11$
f) $2^3 \times 5 \times 7 \times 11$

Q7
a) 2, 3, 5, 7, 11
b) 28
c) $2^2 \times 7$

Q8
a) 495
b) $3 \times 5 \times 11$

Q9
a) 1, 4, 9, 16, 25, 36, 49, 64, 81, 100
b) 4, 16, 36, 64, 100
c) 9, 36, 81
d) 1, 64
e) Total = 385 = 5 × 7 × 11

Q10
a) $50 \times 25 \times 16 = 20\,000$ cm³
b) $2^5 \times 5^4$
c) 200. It is not enough to divide the large volume by the smaller volume as the shapes of the blocks are important too. It is possible to fit $16 \div 4 = 4$ small blocks across the width, $50 \div 5 = 10$ small blocks along the length and $25 \div 5 = 5$ small blocks down the height of the large block. This enables Gordon to fit $4 \times 10 \times 5 = 200$ small blocks into the big block.

Q11
a) 680
b) $2^2 \times 5 \times 17$
c) $2 \times 5 \times 17$
d) 5×17

Q12 42

Page 6 — LCM and HCF

Q1
a) 6, 12, 18, 24, 30, 36, 42, 48, 54, 60
b) 5, 10, 15, 20, 25, 30, 35, 40, 45, 50
c) 30

Q2
a) 1, 2, 3, 5, 6, 10, 15, 30
b) 1, 2, 3, 4, 6, 8, 12, 16, 24, 48
c) 6

Q3
a) 20
b) 10
c) 2
d) 15
e) 15
f) 5
g) 32
h) 16
i) 16

Q4
a) 120
b) 120
c) 120
d) 45
e) 90
f) 180
g) 64
h) 192
i) 192

Q5
a) $15 = 3 \times 5$
   $18 = 2 \times 3^2$
b) $2 \times 3 \times 3 \times 5 = 90$

Q6
a) $90 = 2 \times 3^2 \times 5$
   $120 = 2^3 \times 3 \times 5$
b) $2 \times 3 \times 5 = 30$

Q7
a) $2^4 \times 3^2 = 144$
b) $2^2 \times 3^2 \times 5 \times 7 = 1260$

Q8
a) $2 \times 3 \times 5 = 30$
b) $2^2 \times 5 = 20$

Q9
a) 7th June (i.e. 6 days later, since 6 is the LCM of 2 and 3)
b) 16th June (i.e. 15 days later, since 15 is the LCM of 3 and 5)
c) Sunday (30 days later, since 30 is the LCM of 2, 3 and 5 — i.e. 4 weeks and 2 days later)
d) Lars (it's 14 days after 1st June, and 14 is a multiple of 2 but not 3 and 5)

Q10 HCF of 36, 42 and 84 is 6.
$36 \div 6 = 6$, $42 \div 6 = 7$, $84 \div 6 = 14$
$6 + 7 + 14 = 27$ friends

Q1
a) 64
b) $\frac{3}{88}$
d) $\frac{125}{32}$
f) $\frac{81}{100\,000}$

Q2
a) 1
b) 4
c) $\frac{1}{2}$
d) $\frac{2}{5}$
e) $\frac{10}{33}$
f) 1000

Q3
a) $\frac{1}{4}$
b) $\frac{5}{6}$
c) $\frac{73}{60}$
d) $\frac{35}{8}$
e) $\frac{131}{20}$
f) $\frac{83}{60}$

Q4 The bowl will be big enough (since she will make $3\frac{7}{15}$ litres of punch).

Q5
a) $\frac{5}{8}$
b) $\frac{1}{2}$
c) $\frac{5}{12}$
d) $\frac{15}{8}$
e) $-\frac{139}{40}$
f) $\frac{233}{300}$

Q6
a) $\frac{3}{4}$
b) $\frac{5}{12}$
c) $\frac{7}{15}$
d) $4\frac{3}{4}$
e) 4
f) $1\frac{1}{5}$
g) $\frac{5}{8}$
h) $-\frac{1}{24}$
i) $4\frac{3}{5}$
j) $1\frac{1}{30}$
k) 1
l) $\frac{44}{75}$

Q7
a) $\frac{1}{12}$
b) $\frac{1}{4}$
c) $\frac{2}{3}$

Q8
a) Each box will hold 16 sandwiches. So 5 boxes will be needed for 80 sandwiches.
b) 25 inches tall

Q9 10 lambs (= $160 \times \frac{5}{32} \times \frac{2}{5}$)

Q10 6.4 g

Q11
a) $\frac{7}{15} = \frac{63}{135}$, $\frac{4}{9} = \frac{60}{135}$ and $\frac{13}{27} = \frac{65}{135}$. So Rebekah has the biggest discount.
b) £22.20

Q12
a) 100 g flour
b) 350 g
c) $\frac{2}{7}$
d) 300 g

Q13 Shaded area of C = shaded area of A + unshaded area of B

Unshaded area of B = $1 - \frac{3}{8} = \frac{5}{8}$

So shaded area of C = $\frac{1}{9} + \frac{5}{8} = \frac{53}{72}$

Pages 9-10 — Fractions, Decimals and Percentages

Q1
a) 25%
b) 50%
c) 75%
d) 10%
e) 41.52%
f) 84.06%
g) 6%
h) 28.28%

Q2
a) 0.5
b) 0.12
c) 0.4
d) 0.34
e) 0.602
f) 0.08
g) 0.431
h) 0.068

Q3
a) 50%
b) 12.5%
c) 75%
d) 125%
e) 40%
f) 4%
g) 55%
h) 4.5%

Q4 a) 1/4
 b) 3/5
 c) 9/20
 d) 3/10
 e) 3/40
 f) 62/125
 g) 443/500
 h) 81/250

Q5 a) 46.15%
 b) 16.67%
 c) 26.67%
 d) 128.57%
 e) 27.27%
 f) 366.67%

Q6 85%

Q7 Grade 6

Q8 a) 0.3
 b) 0.37
 c) 0.4
 d) 0.375
 e) 1.75
 f) 0.68
 g) 0.6
 h) 0.05

Q9

0.5	0.2	0.125	1.6	0.25	3.5	0.15	0.45
1/2	1/5	1/8	8/5	1/4	7/2	3/20	9/20

Q10 a) $0.8\dot{3}$
 b) $0.\dot{7}$
 c) $0.\dot{6}\dot{3}$
 d) $0.4\dot{7}$
 e) $0.9\dot{0}$
 f) $0.8\dot{7}$
 g) $0.47\dot{8}$
 h) $0.589\dot{1}$

Q11 a) $\frac{3}{5}$
 b) $\frac{3}{4}$
 c) $\frac{19}{20}$
 d) $\frac{16}{125}$
 e) $\frac{1}{3}$
 f) $\frac{2}{3}$
 g) $\frac{1}{9}$
 h) $\frac{16}{99}$

Q12 a) $\frac{2}{9}$
 b) $\frac{4}{9}$
 c) $\frac{8}{9}$
 d) $\frac{80}{99}$
 e) $\frac{4}{33}$
 f) $\frac{545}{999}$
 g) $\frac{251}{333}$
 h) $\frac{52}{333}$

Q13 a) $\frac{2}{15}$
 b) $\frac{71}{90}$
 c) $\frac{4}{45}$
 d) $\frac{121}{900}$
 e) $\frac{428}{495}$
 f) $\frac{1}{165}$
 g) $\frac{16}{75}$
 h) $\frac{6397}{9990}$

Page 11 — Rounding Numbers

Q1 a) 62.2
 b) 62.19
 c) 62.194
 d) 19.62433
 e) 6.300
 f) 3.142
 g) 740.00
 h) 54.051
 i) 5.889

Q2 a) 1330
 b) 1330
 c) 1329.6
 d) 100
 e) 0.02
 f) 0.02409

Q3 a) 457.0
 b) 456.99
 c) 456.987
 d) 457
 e) 460
 f) 500

Q4 a) £1100
 b) £88
 c) £300
 d) £3
 e) £376
 f) £44

Q5 23 kg
Q6 2.35 m
Q7 4.7 m
Q8 £19
Q9 £4.77
Q10 1820 g

Page 12 — Estimating

Q1 Zawar's tank is roughly $30 \times 15 \times 10$ = 4500 cm³, so it won't be big enough.

Q2 a) E.g. $6600 \times 2 \approx 6500 \times 2 = 13\,000$
 b) E.g. $40 \times 1.4 \times 5 \approx 40 \times 1.5 \times 5 = 300$
 c) E.g. $45 \div 9 = 5$
 d) E.g. $35\,000 \div 7000 = 5$
 e) E.g. $\frac{55 \times 20}{9} \approx \frac{55 \times 20}{10} = 55 \times 2 = 110$
 f) E.g. $\frac{150 + 50}{150 - 50} = \frac{200}{100} = 2$
 g) E.g. $\frac{820 - 220}{1 + 9} = \frac{600}{10} = 60$
 h) E.g. $\frac{80 \times 300}{60 \div 20} = \frac{24000}{3} = 8000$
 i) E.g. $\frac{1300 \div 2}{5 \times 10} = \frac{650}{50} = 13$
 j) E.g. $3 \div 3 = 1$

Q3 Approximately $15\,000 - (1500 + 2500 + 1500 + 1500 + 3000) = 5000$

Q4 a) E.g. $\frac{20 \times 10}{\sqrt{400}} = \frac{200}{20} = 10$
 b) E.g. $\frac{10^2 \div 10}{4 \times 5} = \frac{10}{20} = 0.5$
 c) E.g. $\frac{6 \times 9}{0.3} = \frac{54}{0.3} = \frac{540}{3} = 180$
 d) E.g. $\frac{\sqrt{100}}{0.3 + 0.2} = \frac{10}{0.5} = 20$

Q5 a) $2 \times (3 \times 3) + 2 \times (3 \times 3) = 36$ m²
 b) 3 tins

Q6 a) Volume $\approx 3 \times 5^2 \times 20 = 1500$ cm³
 E.g. Larger than actual volume — the estimate treats the vase as a cylinder, but the vase curves inwards, so the actual volume is smaller. The height is also rounded up in the estimate.
 b) Volume $\approx 3 \times 2^2 \times 10 = 120$ cm³
 E.g. Larger than actual volume — glass is treated as a cylinder whose diameter is equal to the widest part of the glass. The height has also been rounded up.

Q7 a) 6.9 (accept 6.8)
 b) 10.9 (accept 10.8)
 c) 9.2 (accept 9.1)
 d) 4.1 (accept 4.2)
 e) 2.2 (accept 2.1)
 f) 2.9 (accept 2.8)

Pages 13-14 — Bounds

Q1 a) 64.785 kg
 b) 64.775 kg

Q2 a) 1.75 m
 b) $1.85 \times 0.75 = 1.3875$ m²

Q3 a) 300.6 m $\leq h < 300.7$ m
 b) 125 m

Q4 a) 2.525 l
 b) 2.475 l

Q5 a) 85 g $\leq p < 95$ g
 b) 92.5 g $\leq p < 97.5$ g
 c) No — the lower bound for the post office scales is 97.5 g. This value doesn't fall within the interval for either of the other two scales.

Q6 a) Upper bound = 127, lower bound = 123

b) No — the minimum number of people attending is 128, and the maximum number of chairs is 127.

Q7 a) Upper bound = 5 minutes 32.5 seconds, lower bound = 5 minutes 27.5 seconds.
 b) The lower bound for Jimmy's time is 5 minutes 25 seconds, which is lower than the lower bound for Douglas' time (5 minutes 25.5 seconds).

Q8 a) Upper bound = 13.5, lower bound = 12.5
 b) Upper bound = 12.55, lower bound = 12.45
 c) To calculate the upper bound for C, multiply the upper bound for A by the upper bound for B:
 $13.5 \times 12.55 = 169.425$
 To calculate the lower bound for C, multiply the lower bound for A by the lower bound for B:
 $12.5 \times 12.45 = 155.625$
 $155.625 \leq C < 169.425$

Q9 No — Ash will buy 3.45 m $\times 5.25$ m = 18.1125 m².

Q10 a) Perimeter $= 2(12 + 4) = 32$ cm. Maximum possible error $= 4 \times 0.1$ cm $= 0.4$ cm.
 b) Maximum possible error in P is $2(x + y)$.

Q11 The upper bound for the distance is 127.5 km. The lower bound for the time is 1 hour and 45 minutes = 1.75 hours. The maximum value of the average speed is $127.5 \div 1.75 = 72.857...$ km/hour.

Q12 a) Upper bound = 945, lower bound = 935.
 b) Upper bound = 5.565, lower bound = 5.555.
 c) To find the upper bound for R, divide the upper bound for S by the lower bound for T:
 $945 \div 5.555 = 170.117...$
 To find the lower bound for R, divide the lower bound for S by the upper bound for T:
 $935 \div 5.565 = 168.014...$
 d) $R = 170$ to 2 s.f. (as both upper and lower bounds round to 170 to 2 s.f.).

Pages 15-16 — Standard Form

Q1 a) 35.6
 b) 3560
 c) 0.356
 d) 35 600
 e) 8.2
 f) 0.00082
 g) 0.82
 h) 0.0082
 i) 1570
 j) 0.157
 k) 157 000
 l) 15.7

Q2 a) 2.56×10^0
 b) 2.56×10^1
 c) 2.56×10^{-1}
 d) 2.56×10^4
 e) 9.52×10^1
 f) 9.52×10^{-2}
 g) 9.52×10^4
 h) 9.52×10^{-4}
 i) 4.2×10^3
 j) 4.2×10^{-3}
 k) 4.2×10^1
 l) 4.2×10^2

Q3 a) 3.47×10^2 b) 7.3004×10^1
c) 5×10^0 d) 9.183×10^5
e) 1.5×10^7 f) 9.371×10^6
g) 7.5×10^{-5} h) 5×10^{-4}
i) 5.34×10^0 j) 6.2103×10^2
k) 1.49×10^4 l) 3×10^{-7}

Q4 1.2×10^{-2} mm

Q5 a) Mercury
b) Jupiter
c) Mercury
d) Neptune
e) Venus and Mercury
f) Jupiter, Neptune and Saturn

Q6 a) 4.2×10^7 b) 3.8×10^{-4}
c) 1.0×10^7 d) 1.12×10^{-4}
e) 8.43×10^5 f) 4.232×10^{-3}
g) 1.7×10^{18} h) 2.83×10^{-4}
i) 1.0×10^{-2}

Q7 a) 1.89×10^7 d) 3.99×10^4
b) 2×10^2 e) 4.1×10^5
c) 7.36×10^{13} f) 1.28×10^4

Q8 a) 9.12×10^9 c) 3.363×10^6
b) 5.8×10^1 d) 4.3473×10^6

Q9 a) 2.4×10^{10} c) 1.8×10^5
b) 1.6×10^6

Q10 1.04×10^{13} is greater by 5.78×10^{12}

Q11 1.3×10^{-9} is smaller by 3.07×10^{-8}

Q12 a) $510\,000\,000$ km^2
b) 3.62×10^8 km^2
c) $148\,000\,000$ km^2

Q13 a) $(2 \times 5)^{15} \times 5^2 = 25 \times 10^{15} = 2.5 \times 10^{16}$
b) $2^1 \times (2 \times 5)^{-21} = 2 \times 10^{-21}$
c) $\dfrac{1}{2^3 \times (2 \times 5)^{-2}} = \dfrac{1}{8 \times 10^{-2}} = 1.25 \times 10^1$

Q14 $x = 4, y = 2, z = 1$

Q15 a) 4.2×10^3 c) 3×10^3
b) 5.1×10^{26} d) 5.2×10^{-24}

Q16 a) $6.02 \times 10^{23} \approx 6 \times 10^{23}$
$12 \div (6 \times 10^{23}) = 2 \times 10^{-23}$ g
b) smaller

Pages 17-18 — Mixed Questions

Q1 a) 87
b) $\sqrt{2}$ or $\sqrt{3}$
c) 23
d) 4 and 27
e) Any integer divided by another integer that doesn't give a whole number answer, e.g. 3 and 4 ($3 \div 4$)

Q2 a) 12   e) 63
b) 39   f) 2
c) 66   g) 36
d) 45   h) 11

Q3 a) i) $2^4 \times 3^2$ iv) $2^2 \times 3 \times 7$
ii) $3^2 \times 7$ v) $2^4 \times 5^2$
iii) $2^4 \times 3 \times 5$ vi) $2^2 \times 3^4$
b) i) $2^4 \times 3 \times 5^2 = 1200$
ii) $2^2 \times 3^2 \times 7 = 252$
c) i) $2^4 \times 3 = 48$
ii) $2^2 \times 3 = 12$

Q4 a) HCF of 30, 50 and 75 is 5, so Gina can make 5 bunches.
b) LCM of 30, 50 and 75 is 150, so Romesh needs 5 packs of blue balloons, 3 packs of red balloons and 2 packs of white balloons.

Q5 a) $\dfrac{3}{4}$ d) $\dfrac{21}{4}$ g) $\dfrac{45}{56}$
b) $\dfrac{1}{5}$ e) $\dfrac{11}{15}$ h) $\dfrac{21}{16}$
c) $\dfrac{1}{4}$ f) $\dfrac{5}{24}$ i) $\dfrac{78}{35}$

Q6 a) $0.\dot{3}$ d) $0.\dot{2}$ g) $0.03\dot{5}$
b) $0.41\dot{6}$ e) $0.7\dot{5}$
c) $0.\dot{7}\dot{2}$ f) $0.1\dot{2}$

Q7 a) $\dfrac{7}{9}$ c) $\dfrac{14}{33}$
b) $\dfrac{1}{11}$ d) $\dfrac{85}{333}$

Q8

F	$\frac{4}{5}$	$\frac{7}{10}$	$\frac{3}{4}$	$1\frac{1}{5}$	$\frac{3}{5}$	$\frac{19}{20}$	$\frac{5}{8}$	$\frac{3}{8}$	$\frac{11}{20}$
D	0.8	0.7	0.75	1.2	0.6	0.95	0.625	0.375	0.55
P	80%	70%	75%	120%	60%	95%	62.5%	37.5%	55%

Q9 a) 213.4 cm   d) 2 m
b) 2.13 m   e) 210 cm
c) 2.134 m   f) 213.37 cm

Q10 a) E.g. $2000 \times 3 \times 9 = 54\,000$
b) E.g. $1000 \div 4 = 250$
c) E.g. $30 \times 3 \div 10 = 9$
d) E.g. $\dfrac{190 - 60}{7 + 4} \approx \dfrac{130}{10} = 13$
e) E.g. $\dfrac{6000}{50 \times 3} = 40$
f) E.g. $\dfrac{30 \times 80}{50 + 70} = 20$
g) E.g. $\dfrac{4 \times 20}{140 \div 7} = \dfrac{80}{20} = 4$
h) E.g. $(10 + 30) \div 20 - 10 = -8$

Q11 a) 2.55 m
b) E.g. $2.4 \times 2.6 \times 2.99 \approx 2 \times 3 \times 3 = 18$ m^3
c) Containers could be up to 2.45 m wide and $2.45 \times 20 = 49$. $2.45 \times 21 = 49 + 2.45 = 51.45$, so the most containers that could definitely fit is 20.

Q12 No. The lower bound of Trisha's time is 12.5 s and the lower bound of Araf's time is 12.75 s, so while it is possible that Araf was faster than Trisha, it is also possible that he was slower.

Q13 a) 2.1×10^4 d) 9.7×10^6
b) 9.9×10^9 e) 2.95×10^8
c) 3.6×10^9 f) 1.012×10^4

Section Two — Algebra

Page 19 — Algebra Basics

Q1 a) -27 °C   d) $+18$ °C
b) -22 °C   e) $+15$ °C
c) $+12$ °C   f) -12 °C

Q2 Expression b) is larger by 7.

Q3 a) $6x$ b) $28y$

Q4 a) $-1000, -10$ c) $144, 16$
b) $-96, -6$ d) $0, 0$

Q5 -4

Q6 a) $-6xy$ e) $\dfrac{10x}{y}$ i) -4
b) $-16ab$ f) $\dfrac{-10x}{y}$ j) -10
c) $8x^2$ g) $\dfrac{-5x}{y}$ k) $4x$
d) $-16p^2$ h) 3 l) $-8y$

Q7 a) $15x^2 - x$
b) $13x^2 - 5x$
c) $-7x^2 + 12x + 12$
d) $30abc + 12ab + 4b$
e) $18pq + 8p$
f) $17ab - 17a + b$
g) $4pq - 5p - 9q$
h) $16x^2 - 4y^2$
i) $abc + 10ab - 11cd$
j) $-2x^2 + y^2 - z^2 + 6xy$

Q8 a) $x^2 + 4x + 3x + 12 = x^2 + 7x + 12$
b) $4x^2 + 6x + 6x + 9 = 4x^2 + 12x + 9$
c) $15x^2 + 3x + 10x + 2$
$= 15x^2 + 13x + 2$

Pages 20-21 — Powers and Roots

Q1 a) 16
b) 1000
c) $3 \times 3 \times 3 \times 3 \times 3 = 243$
d) $1 \times 1 \times 1 \times 1 \times 1 \times 1 \times 1 \times 1 \times 1 = 1$

Q2 a) 2^8 (or 256)   c) m^3
b) 12^5 (or 248 832)   d) z^6

Q3 b) 10^7 c) 10^8
d) Simply add the powers.

Q4 b) 2^3 c) 4^2
d) 8^3
e) Simply subtract the powers.

Q5 a) true   g) false
b) true   h) true
c) false   i) false
d) false   j) true
e) true   k) true
f) false   l) false

Q6 a) true   b) false   c) false

Q7 a) 3^{-3} g) 2^3
b) 4^{25} h) 10^{10}
c) 10^{-13} i) 7^{20}
d) 3^{-12} j) $3^{\frac{2}{3}}$
e) 4^6 k) $4^{-\frac{1}{4}}$
f) 5^3 l) $2^{\frac{5}{3}}$

Q8 a) x^5 g) $30b^{-5}$ l) $11c^{-5}d^{-6}$
b) y h) $9x^6y^8$ m) $28a^3b$
c) a^{12} i) $6a^8b^5$ n) $12x^4$
d) f^5 j) $8p^{-2}q^{-11}$ o) x^2
e) 1 k) $2x^2y^3$ p) $3y^{\frac{1}{3}}$
f) $\dfrac{8x^7}{y^3}$

Q9 a) 275   g) 10.4
b) 0.123   h) 0.843
c) 53 400   i) 2.25
d) 6.40×10^{-5} j) 2.18
e) 2.37   k) 0.244
f) 2.31   l) 0.965

Answers: P21 — P25

Q10 a) 8.76 f) 91.9
b) 4.17 g) 13.6
c) 19.4 h) 17.8
d) 219 i) 5.06
e) 108

Q11 a) 0.204 g) 1.55
b) 0.16 h) 2.60
c) 1.53×10^{-5} i) 0.512
d) 0.667 j) 1.21
e) 2.24 k) 0.0352
f) 1.82 l) 7.28

Q12 a) 1.49 e) 1.08
b) 20.1 f) 8.78
c) 2.50 g) 0.707
d) 6.55 h) –0.380

Q13 a) 9.14 f) 1.22
b) 1.50 g) 84.5
c) 0.406 h) 0.496
d) 476 i) 165
e) 0.0146 j) 8.47

Q14 a) 2 d) $\frac{1}{64}$ g) $\frac{1}{3}$
b) 7 e) 512 h) $\frac{5}{9}$
c) $\frac{1}{9}$ f) 8

Page 22 — Multiplying Out Brackets

Q1 a) $4x + 4y - 4z$
b) $x^2 + 5x$
c) $-3x + 6$
d) $9a + 9b$
e) $-a + 4b$
f) $2x - 6$
g) $4e^2 - 2f^2 + 10ef$
h) $16m - 8n$
i) $6x^2 + 2x$
j) $-2ab + 11$
k) $-2x^3 - x^2z - 2yz$
l) $3x^2 - 6y - 5$
m) $-3a - 4b$
n) $14pqr^3 + 8pq + 35qr^3$
o) $x^3 + x^2$
p) $4x^3 + 8x^2 + 4x$
q) $8a^4b + 24ab + 8ab^2$
r) $7p^2q + 7pq^2 - 7q$
s) $16x - 8y$

Q2 a) $x^2 - 2x - 3$
b) $x^2 + 2x - 15$
c) $x^2 + 13x + 30$
d) $x^2 - 7x + 10$
e) $x^2 - 5x - 14$
f) $28 - 11x + x^2$
g) $6x - 2 + 9x^2 - 3x = 9x^2 + 3x - 2$
h) $6x^2 - 12x + 4x - 8 = 6x^2 - 8x - 8$
i) $4x^2 + \sqrt{2}\,x - 4\sqrt{2}\,x - 2$
$= 4x^2 - 3\sqrt{2}\,x - 2$
j) $4x^2 - 8xy + 2xy - 4y^2$
$= 4x^2 - 4y^2 - 6xy$
k) $12x^2 - 8xy + 24xy - 16y^2$
$= 12x^2 - 16y^2 + 16xy$
l) $9x^2 + 6xy + 6xy + 4y^2$
$= 9x^2 + 4y^2 + 12xy$

m) $4a^2 - 2ab - 2ab + b^2$
$= 4a^2 + b^2 - 4ab$
n) $t^2 + 2\sqrt{2}\,t - 2\sqrt{2}\,t - 8$
$= t^2 - 8$
o) $9p^2 + 3\sqrt{2}\,p + 3\sqrt{2}\,p + 2$
$= 9p^2 + 6\sqrt{2}\,p + 2$

Q3 $15x^2 + 10x - 6x - 4 = 15x^2 + 4x - 4$

Q4 $4x^2 - 2x - 2x + 1 = 4x^2 - 4x + 1$

Q5 a) $x^3 + x^2 - 4x - 4$
b) $x^3 + 10x^2 + 31x + 30$
c) $2x^3 - 15x^2 + 27x - 10$
d) $-x^3 - 4x^2 + 11x + 30$
e) $-2x^3 - 7x^2 - 2x + 3$
f) $6x^3 + 74x^2 + 144x + 40$
g) $-x^3 - 3x^2 + 9x + 27$
h) $4x^3 - 3x - 1$
i) $x^3 + 9x^2 + 27x + 27$

Q6 a) $(4x + 6)$ m
b) $(-3x^2 + 17x - 10)$ m^2

Q7 a) $(4 + 2x)$ cm or $2(2 + x)$ cm
b) $(40x + 80)$ cm

Q8 a) Perimeter — $(3x + 29)$ cm
Area — $\frac{7x + 126}{2}$ cm^2
or $(3.5x + 63)$ cm^2
b) Perimeter — $(8x + 4)$ cm
Area — $(3x^2 + 14x - 24)$ cm^2
c) Perimeter — $(16x - 4)$ cm
Area — $(16x^2 - 8x + 1)$ cm^2
d) Perimeter — $(10x + 4)$ cm
Area — $(6x^2 - 5x - 6)$ cm^2

Page 23 — Factorising

Q1 a) $a^2(b + c)$
b) $a^2(5 + 13b)$
c) $a^2(2b + 3c)$
d) $a^2(a + y)$
e) $a^2(2x + 3y + 4z)$
f) $a^2(b^2 + ac^2)$

Q2 a) $x(x - 5)$ g) $5x(3xy - 5)$
b) $2(x + 3)$ h) $4pq(q - 5 + 2p)$
c) $3x(x + 4)$ i) $2x(5x^3 + 3)$
d) $2x(2x - 3)$ j) $5x^2(3x - 4)$
e) $3xy(1 + 4x)$ k) $7x(3x + 2)$
f) $3(3x + 5)$ l) $5xy(z + 4u)$

Q3 a) $4x(1 + 2yz)$
b) $4x^2(2xy + 3z)$
c) $8xyz(1 + 2x)$
d) $4xyz^2(5xy + 4)$

Q4 a) $(x + 3)(x - 3)$
b) $(y + 4)(y - 4)$
c) $(5 + z)(5 - z)$
d) $(6 + a)(6 - a)$
e) $(2x + 3)(2x - 3)$
f) $(3y + 2)(3y - 2)$
g) $(5 + 4z)(5 - 4z)$
h) $(1 + 6a)(1 - 6a)$
i) $(x^2 + 6)(x^2 - 6)$
j) $(x^2 + y^2)(x^2 - y^2)$
k) $(1 + ab)(1 - ab)$
l) $(10x + 12y)(10x - 12y)$

Q5 a) $(x + 2)(x - 2)$
b) $(12 + y^2)(12 - y^2)$
c) $(1 + 3xy)(1 - 3xy)$
d) $(7x^2y^2 + 1)(7x^2y^2 - 1)$
e) $3(x + 2)(x - 2)$
f) $10(3 + y)(3 - y)$
g) $2(5x + 4)(5x - 4)$
h) $5(2 + 3xy)(2 - 3xy)$

Q6 a) $(x + \sqrt{3})(x - \sqrt{3})$
b) $(3x + \sqrt{5})(3x - \sqrt{5})$
c) $(x + \sqrt{7}\,y)(x - \sqrt{7}\,y)$
d) $(\sqrt{2} + xy)(\sqrt{2} - xy)$

Q7 a) $16a^2b^2(4b - a)$
b) $q(p + r - pqr)$
c) $3(m^2 - 8)$
d) $b^2(b^2 - ab + c)$
e) $(a^2 + 13)(a^2 - 13)$
f) $3ab(3b - c)$
g) $(9 + z)(9 - z)$
h) $(11p + 3q)(11p - 3q)$
i) $mn(m + 3 - 2n^2)$
j) $2(6m + 5n)(6m - 5n)$
k) $12(12x^2 - 9y^2 - 5z^2)$
l) $(8ab + 7cd)(8ab - 7cd)$

Page 24 — Manipulating Surds

Q1 a) $\sqrt{15}$ b) 2 c) x
d) x e) 8 f) $\sqrt{5}$

Q2 3π cm^2

Q3 a) 1 b) $5\sqrt{3}$ c) $2\sqrt{2}$
d) $7 + 4\sqrt{3}$ e) $3\sqrt{5}$ f) $5\sqrt{2}$
g) $\sqrt{2}$ h) $3(\sqrt{2} - 1)$

Q4 a) $\frac{\sqrt{2}}{2}$ b) $\frac{\sqrt{10}\,a}{10}$
c) $\frac{\sqrt{xy}}{y}$ d) $3 - \sqrt{3}$
e) $\frac{2(\sqrt{6} - 1)}{5}$ f) $\frac{3 + \sqrt{5}}{2}$
g) $\frac{15 + 11\sqrt{3}}{6}$ h) $\frac{34 + \sqrt{6}}{50}$

Q5 a) $6\sqrt{7}$ b) $8\sqrt{3}$ c) $28\sqrt{15}$
d) $\frac{11\sqrt{3}}{9}$ e) 0 f) $8\sqrt{5}$
g) $-1 - 2\sqrt{3}$ h) $9 + 4\sqrt{2}$ i) $3 - \sqrt{3}$

Q6 a) $(1 + \sqrt{5})(1 - \sqrt{5}) = -4$, rational
b) $\frac{1 + \sqrt{5}}{1 - \sqrt{5}} = -\frac{1}{2}(3 + \sqrt{5})$, irrational

Q7 a) $(x + y)(x - y) = 1^2 - \sqrt{2}^2 = -1$, rational
b) $\frac{x + y}{x - y} = \frac{1 + \sqrt{2}}{1 - \sqrt{2}}$
$= -3 - 2\sqrt{2}$, irrational

Pages 25-26 — Solving Equations

Q1 1

Q2 a) $x = 5$ c) $x = 10$ d) $x = -6$
b) $x = 4$ e) $x = -4$ f) $x = 6$

Q3 a) $x = 5$ d) $x = 17$ c) $x = 8$
b) $x = 2$ e) $x = 6$ f) $x = 5$

Q4 a) 15.5   b) 37.2

Q5 15.50

Q6 a) $x = 9$ e) $x = 4$ i) $x = 66$
b) $x = 2$ f) $x = -1$ j) $x = 700$
c) $x = 3$ g) $x = 15$ k) $x = 7\frac{1}{2}$
d) $x = 3$ h) $x = 110$

Q7 a) Joan — £x
Kate — £$2x$
Linda — £$(x - 232)$
b) $4x - 232 = 2400$
$x = 658$
c) Kate — £1316
Linda — £426

Q8 a) $(2x + 24)$ cm   c) $x = 3.43$ (to 3 s.f.)
b) $9x$ cm^2

Q9 a) $x = 0.75$ c) $x = -6$ e) $x = 4$
b) $x = -1$ d) $x = -1$ f) $x = 13$

Q10 $x = 8$

Q11 $x = 1$

Q12 8 years old

Q13 $x = 39$, wife = 35, son = 8

Q14 $x = 1\frac{1}{2}$
AB = 5 cm
AC = 5½ cm
BC = 7½ cm

Q15 a) $y = 22$ d) $x = 19$ g) $x = 4$
b) $x = 8$ e) $x = 23$ h) $x = 3$
c) $z = -5$ f) $x = 7$ i) $x = 2$

Q16 $x = 1\frac{1}{2}$

Q17 a) $x = 9$ c) $x = 2$
b) $x = 5$ d) $x = 5$

Q18 a) $x = \pm 3$ f) $x = \pm 2$ k) $x = \pm 3$
b) $x = \pm 6$ g) $x = \pm\frac{2}{3}$ l) $x = \pm 4$
c) $x = \pm 3$ h) $x = \pm\frac{3}{4}$ m) $x = \pm 7$
d) $x = \pm 3$ i) $x = \pm 2$
e) $x = \pm 1$ j) $x = \pm 6$

Pages 27-28 — Rearranging Formulas

Q1 a) $h = \frac{10 - g}{4}$ e) $g = \frac{8f}{3}$

b) $c = 2d - 4$ f) $x = 2(y + 3)$

c) $k = 3 + \frac{j}{2}$ g) $t = 6(s - 10)$

d) $b = \frac{3a}{2}$ h) $q = \pm\frac{\sqrt{p}}{2}$

Q2 a) $c = \frac{w - 500m}{50}$

b) 132

Q3 a) i) £38.00   ii) £48.00
b) $c = 28 + 0.25n$
c) $n = 4(c - 28)$
d) i) 24 miles   ii) 88 miles
iii) 114 miles

Q4 a) $x = \pm\sqrt{y + 2}$ f) $x = \pm\sqrt{\frac{3v}{h}}$

b) $x = y^2 - 3$ g) $a = \frac{v^2 - u^2}{2s}$

c) $s = \pm 2\sqrt{r}$ h) $u = \pm\sqrt{v^2 - 2as}$

d) $g = 3f - 10$ i) $g = \frac{4\pi^2 l}{t^2}$

e) $z = 5 - 2w$

Q5 a) £Jx c) $J = \frac{T - P}{x}$
b) $P = T - Jx$ d) £16

Q6 a) i) £2.04   ii) £3.48
b) $C = 12x + 60$
c) $x = \frac{C - 60}{12}$
d) i) 36   ii) 48   iii) 96

Q7 a) $x = \frac{z}{y + 2}$

b) $x = \frac{b}{a - 3}$

c) $x = \frac{y}{4 - z}$

d) $x = \frac{3z + y}{y + 5}$

e) $x = \frac{-2}{y - z}$ or $\frac{2}{z - y}$

f) $x = \frac{2y + 3z}{2 - z}$

g) $x = \frac{-y - wz}{yz - 1}$ or $\frac{y + wz}{1 - yz}$

h) $x = \frac{-z}{4}$

Q8 a) 40 m

b) $a = \frac{2(s - ut)}{t^2}$

Q9 a) $y = \frac{x}{x - 1}$

b) $y = \frac{-3 - 2x}{x - 1}$ or $\frac{2x + 3}{1 - x}$

c) $y = \frac{5x + 3}{2x - 1}$

d) $y = \frac{5 - 2x}{5x + 2}$

e) $y = \pm\sqrt{\frac{x + 1}{2x - 1}}$

f) $y = \pm\sqrt{\frac{1 + 2x}{3x - 2}}$

Q10 a) $p = \frac{4r - 2q}{q - 3}$

b) $g = \frac{5 - 2e}{f + 2}$

c) $b = \frac{3c + 2a}{a - c}$

d) $q = \pm\sqrt{\frac{4}{p - r}} = \pm\frac{2}{\sqrt{p - r}}$

e) $a = \frac{2c + 4b}{4 + c - d}$

f) $x = \pm\sqrt{\frac{-3y}{2}}$

g) $k = \pm\sqrt{\frac{14}{h - 1}}$

h) $x = \left(\frac{4 - y}{2 - z}\right)^2$

i) $a = \frac{b^2}{3 + b}$

j) $m = -7n$

k) $e = \frac{d}{50}$

l) $y = \frac{x}{3x + 2}$

Page 29 — Factorising Quadratics

Q1 a) $(x + 5)(x - 2) = 0$
$x = -5, x = 2$
b) $(x - 3)(x - 2) = 0$
$x = 3, x = 2$
c) $(x - 1)^2 = 0$
$x = 1$
d) $(x - 3)(x - 1) = 0$
$x = 3, x = 1$
e) $(x - 5)(x + 4) = 0$
$x = 5, x = -4$
f) $(x + 7)^2 = 0$
$x = -7$
g) $x^2 + x - 12 = 0$
$(x - 3)(x + 4) = 0$
$x = 3, x = -4$
h) $x^2 + 7x - 8 = 0$
$(x - 1)(x + 8) = 0$
$x = 1, x = -8$
i) $x^2 - 2x - 35 = 0$
$(x - 7)(x + 5) = 0$
$x = 7, x = -5$

Q2 a) $(x + 1)(2x - 5) = 0$
$x = -1, x = \frac{5}{2}$
b) $(3x + 7)(x - 1) = 0$
$x = -\frac{7}{3}, x = 1$
c) $(x - 5)(2x + 3) = 0$
$x = 5, x = -\frac{3}{2}$
d) $(2x + 3)^2 = 0$
$x = -\frac{3}{2}$
e) $(4x - 1)(x + 2) = 0$
$x = \frac{1}{4}, x = -2$
f) $(5x - 1)(x - 6) = 0$
$x = \frac{1}{5}, x = 6$
g) $3x^2 + x - 2 = 0$
$(3x - 2)(x + 1) = 0$
$x = \frac{2}{3}, x = -1$
h) $2x^2 - 9x + 10 = 0$
$(2x - 5)(x - 2) = 0$
$x = \frac{5}{2}, x = 2$
i) $9x^2 + 3x - 2 = 0$
$(3x - 1)(3x + 2) = 0$
$x = \frac{1}{3}, x = -\frac{2}{3}$

Answers: P29 — P34

Q3
a) $(x+8)(x-2)=0$
$x=-8, x=2$
b) $(x+9)(x-4)=0$
$x=-9, x=4$
c) $(x+9)(x-5)=0$
$x=-9, x=5$
d) $x(x-5)=0$
$x=0, x=5$
e) $x(x-11)=0$
$x=0, x=11$
f) $(x-7)(x+3)=0$
$x=7, x=-3$
g) $(x-30)(x+10)=0$
$x=30, x=-10$
h) $(x-24)(x-2)=0$
$x=24, x=2$
i) $(x-9)(x-4)=0$
$x=9, x=4$
j) $(x+7)(x-2)=0$
$x=-7, x=2$
k) $(x+7)(x-3)=0$
$x=-7, x=3$
l) $(3x-5)(x+2)=0$
$x=\frac{5}{3}, x=-2$
m) $(x-6)(2x+3)=0$
$x=6, x=-\frac{3}{2}$
n) $(2x-5)^2=0$
$x=\frac{5}{2}$
o) $(3x+4)(2x-3)=0$
$x=-\frac{4}{3}, x=\frac{3}{2}$

Q4 $x=\frac{1}{2}, x=-\frac{1}{2}$

Q5 $x=4$

Q6 a) $(x^2-x)\,\text{m}^2$ b) $x=3$

Q7 a) $(x^2+x)\,\text{cm}^2$ b) $x=3$

Q8 a) i) $x^2\,\text{m}^2$
ii) $12x\,\text{m}^2$
b) $x^2+12x-64=0$
$x=4$

Pages 30-31 — The Quadratic Formula

Q1
a) 1.87, 0.13   e) 0.53, –4.53
b) 2.39, 0.28   f) –11.92, –15.08
c) 1.60, –3.60   g) –2.05, –4.62
d) 1.16, –3.16   h) 0.84, 0.03

Q2
a) –2, –6   g) 0.67   m) 1.5, –1
b) 0.67, –0.5   h) 0, –2.67   n) –2.5, 1
c) 3, –2   i) 4, –0.5   o) 0.5, 0.33
d) 2, 1   j) 4, –5   p) 1, –3
e) 3, 0.75   k) 1, –3   q) 2, –6
f) 3, 0   l) 5, –1.33   r) 2, –4

Q3
a) 0.30, –3.30   i) 7.12, –1.12
b) 3.65, –1.65   j) 13.16, 0.84
c) 0.62, –1.62   k) 1.19, –4.19
d) –0.55, –5.45   l) 1.61, 0.53
e) –0.44, –4.56   m) 0.44, –3.44
f) 1.62, –0.62   n) 2.78, 0.72
g) 0.67, –4   o) –1.23, –2.43
h) –0.59, –3.41

Q4
a) $\dfrac{-3\pm\sqrt{41}}{2}$ i) $\dfrac{5\pm\sqrt{33}}{4}$
b) $-2\pm\sqrt{3}$ j) $\dfrac{7\pm\sqrt{17}}{4}$
c) $\dfrac{3\pm\sqrt{69}}{6}$ k) $\dfrac{1\pm\sqrt{2}}{2}$
d) $\dfrac{-4\pm3\sqrt{2}}{2}$ l) $\dfrac{3\pm\sqrt{6}}{2}$
e) $2\pm2\sqrt{2}$ m) $\dfrac{-5\pm\sqrt{13}}{2}$
f) $\dfrac{1\pm\sqrt{5}}{2}$ n) $\dfrac{-3\pm\sqrt{3}}{2}$
g) $\dfrac{-1\pm\sqrt{19}}{3}$ o) $\dfrac{-7\pm3\sqrt{5}}{2}$
h) $\dfrac{-5\pm\sqrt{21}}{2}$

Q5 $x^2-3.6x+3.24=0$
$x=1.8$

Q6 a) $x^2+2.5x-144.29=0$
$x=10.83$
b) 48.3 cm

Page 32 — Completing the Square

Q1
a) $(x-2)^2-9$ g) $(x+1\frac{1}{2})^2-6\frac{1}{4}$
b) $(x-1)^2$ h) $(x-\frac{1}{2})^2-3\frac{1}{4}$
c) $(x+\frac{1}{2})^2+\frac{3}{4}$ i) $(x-5)^2$
d) $(x-3)^2$ j) $(x-5)^2-25$
e) $(x-3)^2-2$ k) $(x+4)^2+1$
f) $(x-2)^2-4$ l) $(x-6)^2-1$

Q2
a) $x=0.30, x=-3.30$
b) $x=2.30, x=-1.30$
c) $x=0.65, x=-4.65$
d) $x=0.62, x=-1.62$
e) $x=4.19, x=-1.19$
f) $x=2.82, x=0.18$
g) $x=1.46, x=-0.46$
h) $x=2.15, x=-0.15$

Q3
a) $4\pm\sqrt{29}$ g) $\dfrac{5\pm5\sqrt{5}}{2}$
b) $1\pm\sqrt{6}$ h) $\dfrac{9\pm3\sqrt{5}}{2}$
c) $-3\pm2\sqrt{5}$ i) $-1\pm\dfrac{3\sqrt{2}}{2}$
d) $-4\pm2\sqrt{3}$ j) $1\pm\dfrac{2\sqrt{3}}{3}$
e) $\dfrac{-3\pm\sqrt{17}}{2}$ k) $\dfrac{7\pm\sqrt{73}}{4}$
f) $\dfrac{-7\pm\sqrt{37}}{2}$ l) $\dfrac{5\pm\sqrt{13}}{6}$

Q4
a) $(5, -28)$ c) $(-2, -10)$
b) $\left(\dfrac{7}{2}, -\dfrac{109}{4}\right)$ d) $\left(\dfrac{5}{8}, -\dfrac{41}{16}\right)$

Q5
a) $(-2, -5)$, minimum
b) $\left(\dfrac{11}{2}, \dfrac{97}{4}\right)$, maximum
c) $\left(-\dfrac{3}{2}, \dfrac{41}{4}\right)$, maximum
d) $(-2, -19)$, minimum
e) $\left(-\dfrac{5}{4}, -\dfrac{33}{8}\right)$, minimum
f) $(-1, 5)$, maximum

Q6 a)
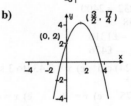
b)
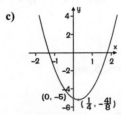
c)

Q7 $y=\left(x+\dfrac{m}{2}\right)^2-\dfrac{m^2}{4}+n$
This has its turning point when
$x=-\dfrac{m}{2}=1$. So $m=-2$.
When $x=1$, $y=-\dfrac{m^2}{4}+n=-5$.
So $n=-4$.

Pages 33-34 — Algebraic Fractions

Q1
a) $\dfrac{3xy}{z}$ c) $\dfrac{1}{3xy^2z^3}$
b) $\dfrac{12b^2}{c}$ d) $\dfrac{q^3}{2r^3}$

Q2
a) $\dfrac{2}{xy}$ c) $\dfrac{90ac^4}{b}$ e) $\dfrac{12a^3b^2}{5}$
b) $\dfrac{8x^2z^2}{y}$ d) $\dfrac{x^3}{5}$ f) $\dfrac{d^6}{e^3f}$

Q3
a) $2x^2y$ c) $5x^3$ e) $\dfrac{2x}{y^2z}$
b) $\dfrac{3x^2}{y}$ d) $\dfrac{12yz}{x}$ f) $\dfrac{6}{n}$

Q4
a) $\dfrac{3}{2r}$ c) $\dfrac{m^2-l^2}{n^2}$
b) $\dfrac{a^2}{b^2}$

Q5
a) $\dfrac{3a-4}{2}$ c) $\dfrac{5x+6}{3}$ e) $\dfrac{5}{6a+b}$
b) $\dfrac{2x-y}{4}$ d) $\dfrac{3}{4x-7}$ f) $\dfrac{4}{5x+3}$

Q6
a) $\dfrac{x+2}{x+3}$ c) $\dfrac{x-5}{x-2}$
b) $\dfrac{x+1}{x-3}$ d) $\dfrac{x+1}{2x-7}$

Q7
a) $\dfrac{14x+y}{6}$ d) $\dfrac{7x-2y}{8}$
b) $\dfrac{x+2y-2}{10}$ e) $\dfrac{xyz+4x+4z}{4y}$
c) $\dfrac{37x}{42}$ f) $\dfrac{mn(pm+1)}{p^2}$

g) $\dfrac{2x^2 + y + xy}{x^3}$ **j)** $\dfrac{2(a^2 + b^2)}{a^2 - b^2}$

h) $\dfrac{2(2x + 1)}{(x - 4)(x + 2)}$ **k)** $\dfrac{7x^2 - 13x - 31}{(x + 5)(3x + 4)}$

i) $\dfrac{2x}{x^2 - y^2}$ **l)** $\dfrac{8x^2 + 10x + 11}{(2x - 3)(2x + 5)}$

Q8 a) $\dfrac{z}{15}$ **g)** $\dfrac{x^2 - 4x - 3}{x^2 - 9}$

b) $\dfrac{b(14 - a)}{7a}$ **h)** $\dfrac{y(x + 14)}{(x - 1)(x + 4)}$

c) $\dfrac{-3p - 4q}{4}$ **i)** $\dfrac{y^2 + 2y - 1}{2y^3}$

d) $-\dfrac{5}{6x}$ **j)** $\dfrac{2(x + 6)}{(3x - 4)(7x - 2)}$

e) $\dfrac{9x - 4y + xy}{3y}$ **k)** $\dfrac{10x + 29}{(4x - 1)(2x + 3)}$

f) $\dfrac{4a - 3a^2b + 8}{a^2(a + 2)}$ **l)** $\dfrac{x^2 + 13x + 19}{(x - 2)(x + 5)}$

Q9 a) $\dfrac{2x}{y}$ **d)** $\dfrac{2x + 5}{x - 4}$

b) $\dfrac{b + 2}{a^2 + b}$ **e)** $\dfrac{7(2x - 11)(x - 5)}{3}$

c) $\dfrac{1}{(x + 4)(x - 3)}$ **f)** $\dfrac{35(x + 2)}{2(2x + 1)}$

Q10 a) $\dfrac{3}{2xy^3}$ **d)** $\dfrac{7x(x + 1)}{2y(x - 4)}$

b) $4y^3$ **e)** $\dfrac{8(x + 6)}{3}$

c) $\dfrac{5}{3(2x + 1)}$ **f)** $2(x^2 - 4)$

Pages 35-36 — Sequences

Q1 a) 10, 12, 14; even numbers
b) 9, 11, 13; odd numbers
c) 25, 36, 49; square numbers
d) 125, 216, 343; cube numbers

Q2 a) 31, 36, 41 **c)** 5n + 1
b) 5 **d)** 101

Q3 a) 2n **c)** 5n
b) 2n − 1 **d)** 3n + 2

Q4 a) 19, 22, 25, 3n + 4
b) 32, 37, 42, 5n + 7
c) −4, −14, −24, −10n + 46
d) 47, 40, 33, −7n + 82

Q5 No. When 6n − 5 = 53, n is
not a whole number.

Q6 a) 4n − 3
b) 75 is not in the sequence because
when the expression for the nth term
is set to equal 75, n is not a whole
number.

Q7 a) $\dfrac{5}{11}$, $\dfrac{6}{13}$, $\dfrac{7}{15}$
b) $\dfrac{n}{2n + 1}$

Q8 a) $16\dfrac{7}{8}$, $16\dfrac{9}{16}$, $16\dfrac{23}{32}$, $16\dfrac{41}{64}$
b) The 10th term will be the mean of the
8th and 9th terms.

Q9 a) Each term is the sum of the two
previous terms.
b) 39, 63, 102

Q10 a) 2, 10, 8
b) The sequence repeats every 6 terms.
c) 10

Q11 $u_2 = -1$, $u_3 = -4$

Q12 a) 80, 160, 320
b) 1296, 7776, 46656
c) 25.6, 102.4, 409.6
d) 9, 3, 1 **g)** 63, 21, 7
e) 50, 10, 2 **h)** 9, $9\sqrt{3}$, 27
f) 48, 12, 3 **i)** 12, $12\sqrt{2}$, 24

Q13 a) arithmetic — common difference = 4
b) arithmetic — common difference = 10
c) geometric — common ratio = 3
d) arithmetic —
common difference = −1.2
e) geometric — common ratio = $^1/_4$
f) arithmetic —
common difference = −111

Q14 (5n + 10) + (5(n + 1) + 10) = 145
This gives n = 12, meaning the terms are
70 and 75.

Q15 a) 39, 53, 69 **d)** 93, 125, 161
$n^2 + 3n - 1$ $2n^2 + 10n - 7$
b) 18, 27, 38 **e)** 50, 71, 96
$n^2 - 2n + 3$ $2n^2 - n + 5$
c) 52, 68, 86 **f)** 93, 130, 173
$n^2 + 5n + 2$ $3n^2 + 4n - 2$

Q16 Setting $3n^2 - 5 = 43$ and solving gives
n = 4 so 43 is a term in the sequence.

Q17 a) 24, 35, 48 (the number of triangles
added increases by 2 each time).
b) n(n + 2)

Pages 37-39 — Inequalities

Q1 a) $9 \leq x < 13$ **d)** $x < 5$
b) $-4 \leq x < 1$ **e)** $x > 25$
c) $x \geq -4$ **f)** $-1 < x \leq 3$

Q2 a)

b)

c)

d)

e)

f)

g)

h)

Q3 a) {3, 4, 5, 6} **b)** {−2, −1, 0, 1, 2}
c) {−5, −4, −3, −2, −1, 0}

Q4 a) $x > 3$ **i)** $x \geq 3$
b) $x < 4$ **j)** $x > 11$
c) $x \leq 5$ **k)** $x < 3$
d) $x \leq 6$ **l)** $x \geq -½$
e) $x \geq 7.5$ **m)** $x \leq -2$
f) $x < 4$ **n)** $x > 5$
g) $x < 7$ **o)** $x < 15$
h) $x < 4$ **p)** $x \geq -2$

Q5 a) $1 < x < 8$ **f)** $-1 < x < 23$
b) $0 \leq x \leq 8$ **g)** $-2 \leq x < 4$
c) $2 < x < 4$ **h)** $-51 < x \leq -11$
d) $-4 \leq x < -1$ **i)** $-16 < x \leq 5$
e) $5 \leq x \leq 10$

Q6 Largest integer for x is 2.

Q7 a) $x = 6$ **c)** $x = -1$
b) $x = 11$ **d)** $x = -7$

Q8 $\dfrac{11 - x}{2} < 5$, $x > 1$

Q9 a) $1130 \leq 32x$ **b)** 36

Q10 a) $900 \geq 18x$ **b)** 50

Q11 a) $x \geq 2, y > 1, x + y \leq 5$
b) $y \leq 2, x + y > 0, y \geq x + 2$

Q12

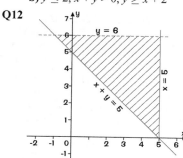

Q13

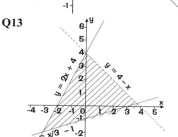

Q14 a) $x > 5, y \geq 7, x + y \geq 14$
b)

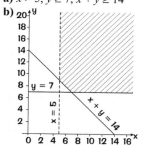

Q15 a) $-3 < x < 3$
b) $x < -4$ or $x > 4$
c) $-2 \leq x \leq 2$
d) $x \leq -3$ or $x \geq 3$
e) $x \leq -5$ or $x \geq 5$
f) $-4 < x < 4$
g) $x < -6$ or $x > 6$
h) $-2 < x < 2$
i) $x < -3$ or $x > 3$
j) $-7 \leq x \leq 7$
k) $x < -5$ or $x > 5$
l) $x < -6$ or $x > 6$

Q16 $y \geq x^2 - 1, y \geq \dfrac{1}{2}, x + y < 0$

Q17 a) $-2 < x < 3$
b) $-5 \leq x \leq -1$
c) $x < -2$ or $x > -1$
d) $x \leq 2$ or $x \geq 8$
e) $x < -2$ or $x > 9$
f) $-7 < x < -5$
g) $x \leq 4$ or $x \geq 5$
h) $-3 < x < 1$
i) $-2 \leq x \leq -\frac{3}{2}$
j) $x < \frac{1}{2}$ or $x > 4$
k) $-\frac{2}{3} < x < 1$
l) $x \leq -4$ or $x \geq \frac{5}{4}$

Page 40 — Iterative Methods

Q1

Guess (x)	Value of $x^3 + x^2 - 4x$	Too large/small
-3	$(-3)^3 + (-3)^2 - 4(-3) = -6$	Too small
-2	$(-2)^3 + (-2)^2 - 4(-2) = 4$	Too large
-2.1	$(-2.1)^3 + (-2.1)^2 - 4(-2.1) = 3.549$	Too large
-2.2	$(-2.2)^3 + (-2.2)^2 - 4(-2.2) = 2.99$	Too small
-2.15	$(-2.15)^3 + (-2.15)^2 - 4(-2.15) = 3.3$	Too large

So to 1 d.p. the solution is $\underline{x = -2.2}$

Guess (x)	Value of $x^3 + x^2 - 4x$	Too large/small
-1	$-1 + 1 + 4 = 4$	Too large
0	$0 + 0 - 0 = 0$	Too small
-0.8	$(-0.8)^3 + (-0.8)^2 - 4(-0.8) = 3.328$	Too large
-0.7	$(-0.7)^3 + (-0.7)^2 - 4(-0.7) = 2.947$	Too small
-0.75	$(-0.75)^3 + (-0.75)^2 - 4(-0.75) = 3.141$	Too large

So to 1 d.p. the solution is $\underline{x = -0.7}$

Guess (x)	Value of $x^3 + x^2 - 4x$	Too large/small
1	$1 + 1 - 4 = -2$	Too small
2	$8 + 4 - 8 = 4$	Too large
1.9	$(1.9)^3 + (1.9)^2 - 4(1.9) = 2.869$	Too small
1.95	$(1.95)^3 + (1.95)^2 - 4(1.95) = 3.417$	Too large

So to 1 d.p. the solution is $\underline{x = 1.9}$

Q2

x	Value of $x^3 - 8x^2 - 3x + 9$	Positive/Negative
-2.0	-25	Negative
-1.9	-21.039	Negative
-1.8	-17.352	Negative
-1.7	-13.933	Negative
-1.6	-10.776	Negative
-1.5	-7.875	Negative
-1.4	-5.224	Negative
-1.3	-2.817	Negative
-1.2	-0.648	Negative
-1.1	1.289	Positive

x	Value of $x^3 - 8x^2 - 3x + 9$	Positive/Negative
-1.19	-0.443959	Negative
-1.18	-0.242232	Negative
-1.17	-0.042813	Negative
-1.16	0.154304	Positive

The solution between -2 and -1 is -1.2 to 1 d.p.

x	Value of $x^3 - 8x^2 - 3x + 9$	Positive/Negative
0.0	9	Positive
0.1	8.621	Positive
0.2	8.088	Positive
0.3	7.407	Positive
0.4	6.584	Positive
0.5	5.625	Positive
0.6	4.536	Positive
0.7	3.323	Positive
0.8	1.992	Positive
0.9	0.549	Positive
1.0	-1	Negative

x	Value of $x^3 - 8x^2 - 3x + 9$	Positive/Negative
0.91	0.398771	Positive
0.92	0.247488	Positive
0.93	0.095157	Positive
0.94	-0.058216	Negative

The solution between 0 and 1 is 0.9 to 1 d.p.

x	Value of $x^3 - 8x^2 - 3x + 9$	Positive/Negative
8.0	-15	Negative
8.1	-8.739	Negative
8.2	-2.152	Negative
8.3	4.767	Positive

x	Value of $x^3 - 8x^2 - 3x + 9$	Positive/Negative
8.21	-1.475139	Negative
8.22	-0.794952	Negative
8.23	-0.111433	Negative
8.24	0.575424	Positive

The solution between 8 and 9 is 8.2 to 1 d.p.

Q3

x	Value of $x^3 + 3x^2 - x - 6$	Positive/Negative
1	-3	Negative
2	12	Positive
1.5	2.625	Positive
1.3	-0.033	Negative
1.4	1.224	Positive
1.35	0.577875	Positive

The graph crosses the positive x-axis at $x = 1.3$ to 1 d.p.

Q4 a) $x^3 = 44$ or $x^3 - 44 = 0$
b)

x	Value of $x^3 - 44$	Positive/Negative
3	-17	Negative
4	20	Positive
3.5	-1.125	Negative
3.7	6.653	Positive
3.6	2.656	Positive
3.55	0.738875	Positive

The solution is 3.5 to 1 d.p.

Page 41 — Simultaneous Equations

Q1 a) $x = 1, y = 2$
b) $x = -1\frac{1}{2}, y = 4$
c) $x = 1, y = 9$
d) $x = 8, y = -\frac{1}{2}$
e) $x = 1, y = 3$
f) $x = 2, y = 1$
g) $x = 3, y = 5$
h) $x = \frac{1}{2}, y = 2$
i) $x = 5, y = 9$

Q2 a) $x = 4, y = 18$ OR $x = -3, y = 11$
b) $x = 6, y = 28$ OR $x = -3, y = 1$
c) $x = 1.5, y = 4.5$ OR $x = -1, y = 2$
d) $x = 5, y = 23$ OR $x = -2, y = 2$
e) $x = \frac{1}{3}, y = -\frac{29}{3}$ OR $x = 4, y = 38$
f) $x = \frac{1}{2}, y = -\frac{3}{2}$ OR $x = -2, y = 6$
g) $x = -3, y = \frac{33}{5}$ OR $x = 2, y = \frac{28}{5}$
h) $x = -\frac{1}{4}, y = \frac{17}{4}$ OR $x = -3, y = 40$
i) $x = -\frac{2}{3}, y = \frac{31}{3}$ OR $x = -4, y = 57$
j) $x = -3, y = -2$ OR $x = 2, y = 3$
k) $x = -3, y = 3$
l) $x = 2, y = 3$ OR $x = -\frac{2}{3}, y = -\frac{7}{3}$

Q3 a) $6x + 5y = 430$
$4x + 10y = 500$
b) $x = 45, y = 32$

Q4 7 chickens
4 cats

Q5 $3y + 2x = 18$
$y + 3x = 6$ $x = 0, y = 6$
$4y + 5x = 7$
$2x - 3y = 12$ $x = 3, y = -2$
$4x - 6y = 13$
$x + y = 2$ $x = 2\frac{1}{2}, y = -\frac{1}{2}$

Q6 $5m + 2c = 344$
$4m + 3c = 397$
$m = 34, c = 87$

Q7 $x = 12, y = 2$

Q8 $(3, 2)$ and $(-1, 6)$

Pages 42-43 — Proof

Q1 $(n + 3)^2 - (3n + 5)$
$= (n + 3)(n + 3) - (3n + 5)$
$= n^2 + 6n + 9 - 3n - 5$
$= n^2 + 3n + 2 + 2$
$= (n + 1)(n + 2) + 2$

Q2 $(n - 3)^2 - (n - 5)$
$= (n - 3)(n - 3) - (n - 5)$
$= n^2 - 6n + 9 - n + 5$
$= n^2 - 7n + 12 + 2$
$= (n - 3)(n - 4) + 2$

Answers: P42 — P46

Q3 $25 - \dfrac{(x-8)^2}{4} = \dfrac{100 - (x-8)^2}{4}$

$= \dfrac{-x^2 + 16x + 36}{4} = \dfrac{(2+x)(18-x)}{4}$

Q4 Collecting like terms on the LHS gives $(3a - 2)x + 21 - 2b$. So equating the x coefficients gives $3a - 2 = 4$, so a = 2. Equating the constants gives $21 - 2b = 29$, so b = −4.

Q5 $(2n + 1)^2 - (2n - 1)^2 - 10$
$= (4n^2 + 4n + 1) - (4n^2 - 4n + 1) - 10$
$= 8n - 10$
Dividing this by 8 gives $n - \dfrac{5}{4}$
(not a whole number), so the expression is not a multiple of 8.

Q6 $n + (n + 1) + (n + 2) = 3n + 3 = 3(n + 1)$
Dividing this by 3 gives n + 1 (a whole number), so the sum is divisible by 3.

Q7 $2a \times 2b = 4ab = 2 \times 2ab$. This is divisible by 2 and so is even.

Q8 $2n + (2n + 2) + (2n + 4)$
$= 6n + 6 = 6(n + 1)$
Dividing this by 6 gives n + 1 (a whole number), so the sum is a multiple of 6.

Q9 **a)** $(2n + 1) + (2n + 3)$
$= 4n + 4 = 4(n + 1)$
Dividing this by 4 gives n + 1 (a whole number), so the sum is a multiple of 4.
b) $(2n + 1)^2 + (2n + 3)^2$
$= 4n^2 + 4n + 1 + 4n^2 + 12n + 9$
$= 8n^2 + 16n + 10$
Dividing this by 4 gives $2n^2 + 4n + \dfrac{5}{2}$
(not a whole number), so the sum is not a multiple of 4.

Q10 2 is a prime number as it only divides by 1 and itself. 2 is even so Maisy is wrong.

Q11 **a)** E.g. 3 and 1 are both odd numbers but if you add them together you get 4, which is even so the statement is wrong.
b) E.g. If n = 6, $n^2 = 36$, which is divisible by 4, but 6 is not divisible by 4, so the statement is wrong.

Q12 E.g. If a = 1 and b = −1, then $a^2 = 1$ and $b^2 = 1$. So $a^2 = b^2$ but a does not equal b, so the statement is wrong.

Q13 $5^{20} - 5^{19}$
$= 5 \times 5^{19} - 5^{19}$
$= 5^{19}(5 - 1) = 4 \times 5^{19}$
$= 2 \times 2 \times 5^{19}$
$= 2n$ where $n = 2 \times 5^{19}$
So $5^{20} - 5^{19}$ is even.

Q14 $21^8 + 15^4$
$= 21 \times 21^7 + 15 \times 15^3$
$= (3 \times 7 \times 21^7) + (3 \times 5 \times 15^3)$
$= 3[(7 \times 21^7) + (5 \times 15^3)]$
$= 3x$ where $x = (7 \times 21^7) + (5 \times 15^3)$
So $21^8 + 15^4$ is a multiple of 3.

Q15 $3^8 - 1$ can be factorised to $(3^4 - 1)(3^4 + 1)$, so it has factors that are not equal to itself or 1. Therefore, it is not a prime number.

Q16 $\dfrac{1}{2}n^2 - \dfrac{5}{2}n + 3$
$+ \dfrac{1}{2}(n + 1)^2 - \dfrac{5}{2}(n + 1) + 3$
$= n^2 - 4n + 4$
$= (n - 2)^2$ which is a square number.

Q17 $b = 5^{72} \times 4^{38} = 5^{72} \times (2^2)^{38} = 5^{72} \times 2^{76}$
So $ab = 5^{99} \times 2^{98} \times 5^{72} \times 2^{76}$
$= 5^{99+72} \times 2^{98+76}$
$= 5^{171} \times 2^{174} = 5^{171} \times 2^{171} \times 2^3$
$= 2^3 \times 10^{171} = 8 \times 10^{171}$,
which has 172 digits.

Q18 $\dfrac{y^2 + 1}{y^2} - \dfrac{x^2 + 1}{x^2} = \dfrac{x^2 - y^2}{(xy)^2}$
$x^2 - y^2 < 0$ since $x > 0$, $y > 0$ and $x < y$.
Also, $(xy)^2$ is always positive.
Therefore, $\dfrac{x^2 - y^2}{(xy)^2} < 0$
which means $\dfrac{y^2 + 1}{y^2} - \dfrac{x^2 + 1}{x^2} < 0$

Q19 Call the sum of the numbers in the set n. Then the mean of the set is $\dfrac{n}{6} = 18$.
The sum of the numbers in the new set will be $n - 6$, so the mean of the new set will be $\dfrac{n - 6}{6} = \dfrac{n}{6} - \dfrac{6}{6} = 18 - 1 = 17$.

Q20 $n^2 - 2n + 2 + (n + 1)^2 - 2(n + 1) + 2$
$= n^2 - 2n + 2 + n^2 + 2n + 1 - 2n - 2 + 2$
$= 2n^2 - 2n + 3$
$= 2n^2 - 2n + 2 + 1$
$= 2(n^2 - n + 1) + 1$
$= 2x + 1$ where $x = (n^2 - n + 1)$
So the sum of two consecutive terms is an odd number.

Q21 If $x^2 + 3 > 2x + 1$,
then $x^2 - 2x + 2 > 0$
and $(x - 1)^2 + 1 > 0$
This is always true as $(x - 1)^2$ cannot be negative. So the inequality always holds and Fay is correct.

Page 44 — Functions

Q1 **a) i)** 8
    ii) -28
    iii) -1
b) $y = 2x - 4$

Q2 **a) i)** -24
    ii) 48
    iii) -7.2
b) $x = 3y - 6$

Q3 **a)** -1
b) -3.25

Q4 **a)** 16
b) Inputting x into Machine A gives an output of $y = 6x + 5$.
Inputting $y = 6x + 5$ into Machine B gives $z = ((6x + 5) - 3) \div 2$
$= (6x + 2) \div 2 = 3x + 1$.

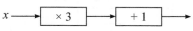

Q5 $\dfrac{20}{3}$

Q6

Pages 45-46 — Mixed Questions

Q1 **a)** $32ab$ **b)** $\dfrac{c}{d}$ **c)** $-21x^2$

Q2 **a)** $12a^5$ **c)** $4x^4$ **e)** $20d^6$
    b) $4j^3$ **d)** $16c^{11}$ **f)** $\dfrac{8n^4}{m^3}$

Q3 **a)** $\dfrac{1}{125}$ **c)** $\dfrac{1}{6}$
    b) 1000 **d)** $\dfrac{49}{64}$

Q4 **a)** $(16x + 12)$ m **b)** $(6x^2 + 22x - 8)$ m²

Q5 **a)** $2x^2(3y + 2xz)$ **c)** $(z + 5)(z - 5)$
    b) $8ab(4b - 3)$ **d)** $(4 + \sqrt{x})(4 - \sqrt{x})$

Q6 **a)** $4 - 2\sqrt{3}$ **d)** $\dfrac{4\sqrt{7}}{7}$
    b) $5\sqrt{6}$ **e)** $5\sqrt{2}$
    c) $4\sqrt{2}$ **f)** $-5 - 2\sqrt{6}$

Q7 **a)** $x = 6$ **c)** $x = -5$ **e)** $x = -6$
    b) $x = -8$ **d)** $x = 15$ **f)** $x = 3$

Q8 $c = 92$

Q9 **a)** £2.95
    b) $£C = £2.20 + £0.03x$
    c) $x = \dfrac{C - £2.20}{£0.03}$
    d) 114 minutes

Q10 **a)** $x = -12$ or $x = -5$
    b) $x = 8$ or $x = 9$
    c) $x = -3$ or $x = \dfrac{1}{2}$
    d) $x = -3$ or $x = 4$

Q11 **a)** $x = 4 \pm \sqrt{13}$
    b) $x = \dfrac{7 \pm \sqrt{33}}{4}$
    c) $x = 5 \pm 2\sqrt{2}$

Q12 **a)** $(3, -32)$
    b) $(2, -17)$
    c) $\left(-\dfrac{3}{2}, -\dfrac{23}{2}\right)$

Q13 **a)** $\dfrac{4a^3}{b^2}$ **e)** $\dfrac{5x - 3}{2}$
    b) $\dfrac{2}{q}$ **f)** $\dfrac{9}{2m}$
    c) $\dfrac{2}{a - 6}$ **g)** $\dfrac{y - 14}{6x}$
    d) $\dfrac{x}{x + y}$ **h)** $\dfrac{13x + 1}{(x + 6)(x - 1)}$

Q14 $\dfrac{2n + 1}{3n + 2}$

Q15 $u_2 = 6$ and $u_3 = 60$

Q16 **a)** $670 \geq 26x$ **b)** 25 days

10

Answers: P46 — P49

Q17

x	Value of $x^3 - 3x^2 - 3x + 6$	Positive/Negative
-2.0	-8	Negative
-1.9	-5.989	Negative
-1.8	-4.152	Negative
-1.7	-2.483	Negative
-1.6	-0.976	Negative
-1.5	0.375	Positive

x	Value of $x^3 - 3x^2 - 3x + 6$	Positive/Negative
-1.51	0.246749	Positive
-1.52	0.116992	Positive
-1.53	-0.014277	Negative

The solution between −2 and −1 is −1.5 to 1 d.p.

x	Value of $x^3 - 3x^2 - 3x + 6$	Positive/Negative
1	1	Positive
1.1	0.401	Positive
1.2	-0.192	Negative

x	Value of $x^3 - 3x^2 - 3x + 6$	Positive/Negative
1.19	-0.133141	Negative
1.18	-0.074168	Negative
1.17	-0.015087	Negative
1.16	0.044096	Positive

The solution between 1 and 2 is 1.2 to 1 d.p.

x	Value of $x^3 - 3x^2 - 3x + 6$	Positive/Negative
3.0	-3	Negative
3.1	-2.339	Negative
3.2	-1.552	Negative
3.3	-0.633	Negative
3.4	0.424	Positive

x	Value of $x^3 - 3x^2 - 3x + 6$	Positive/Negative
3.39	0.311919	Positive
3.38	0.201272	Positive
3.37	0.092053	Positive
3.36	-0.015744	Negative

The solution between 3 and 4 is 3.4 to 1 d.p.

Q18 a) $x = -3$ and $y = 8$
b) $x = 4$ and $y = -2$
c) $x = \frac{1}{2}$ and $y = \frac{3}{4}$
d) $x = 4$ and $y = 18$ OR $x = -3$ and $y = 11$
e) $x = 6$ and $y = 41$ OR $x = -2$ and $y = 1$
f) $x = -\frac{3}{2}$ and $y = -21$ OR $x = 5$ and $y = 70$

Q19 4 is a square number but subtracting 1 gives 3, which is prime.

Q20 a) i) 21 **ii)** 0 **iii)** 9
b) $x = \frac{y}{7} + 4$

Section Three — Graphs

Page 47 — Straight Lines and Gradients

Q1 a) B **e)** E **i)** D
b) A **f)** F **j)** H
c) F **g)** C
d) G **h)** B

Q2 a) $-\frac{1}{2}$ **e)** $-\frac{2}{3}$ **i)** -1
b) 3 **f)** $-\frac{8}{3}$ **j)** $\frac{1}{3}$
c) $-\frac{1}{4}$ **g)** 4
d) -2 **h)** 1

Q3 a) 2 **c)** -1 **e)** $\frac{1}{2}$
b) $\frac{1}{2}$ **d)** -2 **f)** $-\frac{3}{4}$

Q4 $a = 5, b = 0$

Page 48 — y = mx + c

Q1 a) m = 4, (0, 3)
b) m = 3, (0, -2)
c) m = 2, (0, 1)
d) m = -3, (0, 3)
e) m = 5, (0, 0)
f) m = -2, (0, 3)
g) m = -6, (0, -4)
h) m = 1, (0, 0)
i) m = $-\frac{1}{2}$, (0, 3)
j) m = $\frac{1}{4}$, (0, 2)
k) m = $\frac{4}{3}$, (0, 2)

Q2 a) $y = \frac{7}{2}x - 1$ **d)** $y = \frac{1}{4}x - 3$
b) $y = \frac{1}{2}x + 4$ **e)** $y = -\frac{1}{2}x$
c) $y = -\frac{1}{5}x + 7$ **f)** $y = -2x - 6$

Q3 a) $y = x + 4$ **c)** $y = -x$
b) $y = 3x + 2$ **d)** $y = -3x + 4$

Q4 a) $y = x$ **c)** $y = -3x + 3$
b) $y = 3x$ **d)** $y = -2x - 4$

Q5 a) $a = 4$ **c)** $c = 7$
b) $b = 8$ **d)** $d = 9$

Q6 (7, 20) and (5, 14)

Page 49 — Drawing Straight Line Graphs

Q1

x	0	3	8
y	3	9	19

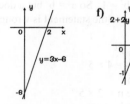

a) 13 **c)** 4
b) 7 **d)** 7

Q2

x	-8	-4	8
y	-5	-4	-1

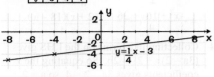

a) -2.5 **c)** 4
b) -3 **d)** 6

Q3 a) m = 3, c = 1
b) m = $\frac{1}{2}$, c = -5
c) m = -3, c = 4
d) m = -1, c = -1

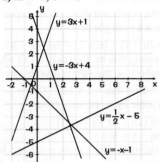

Q4 a) $y = \frac{2}{3}x - \frac{8}{3}$
b) $(0, -\frac{8}{3})$
c) m = $\frac{2}{3}$
d)

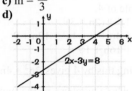

Q5
a) 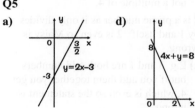 **d)**

b) **e)**

c) **f)**

Q6

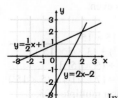

Intersection at (2, 2)

Page 50 — Coordinates and Ratio

Q1 a) (3, 4) d) (3, 3.5)
  b) (5.5, 11) e) (9.5, 9.5)
  c) (8.5, 9) f) (30.5, 20.5)

Q2 (110, 135)

Q3 a) (2, 5.5) d) (2, 3)
  b) (0.5, 1.5) e) (−13, −12.5)
  c) (2, −2.5)

Q4 a) Q = (4, 6) d) Q = (-15, -15)
  b) Q = (8, 11) e) Q = (17.5, -7.25)
  c) Q = (4.5, 0) f) Q = (-8, -6.375)

Q5 B = (-22, -10.5)

Q6 a) (2.5, 3)
  b) Yes — since FH is a diameter, its midpoint is the centre of the circle. The midpoint of FH is (2.5, 3), which is point G.

Page 51 — Parallel and Perpendicular Lines

Q1 a) parallel e) neither
  b) parallel f) perpendicular
  c) neither g) parallel
  d) perpendicular h) perpendicular

Q2 a) m = 3
  b) $y = 3x + 1$

Q3 a) m = -2
  b) $y = -2x - 3$

Q4 a) $y = 2x + 3$ e) $y = 2x + 13$
  b) $y = 4x + 1$ f) $y = \frac{1}{8}x + \frac{1}{8}$
  c) $y = x - 8$ g) $y = \frac{1}{2}x + 39$
  d) $y = -\frac{2}{3}x + 6$ h) $y = -\frac{8}{3}x - 5$

Q5 a) $y = -\frac{1}{2}x + 3$
  b) $y = -\frac{1}{3}x + 1$
  c) $y = x - 6$

Page 52 — Quadratic Graphs

Q1

x	-4	-3	-2	-1	0	1	2	3	4
$y=2x^2$	32	18	8	2	0	2	8	18	32

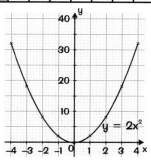

Q2

x	-4	-3	-2	-1	0	1	2	3
x^2	16	9	4	1	0	1	4	9
3x	-12	-9	-6	-3	0	3	6	9
$y=x^2+3x+5$	9	5	3	3	5	9	15	23

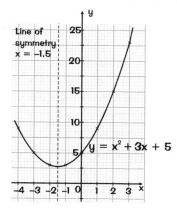

Q3

x	-4	-3	-2	-1	0	1	2	3	4
$-x^2$	-16	-9	-4	-1	0	-1	-4	-9	-16
$y=3-x^2$	-13	-6	-1	2	3	2	-1	-6	-13

a)
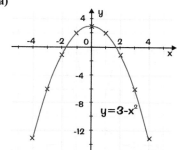

b) 3

Q4 a) c = -8 c) -4 and 1
  b) (-1.5, -12.5)

Q5 a)
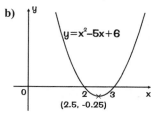

b)
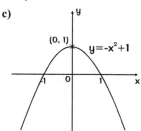

c)
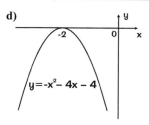

d)

Pages 53-56 — Harder Graphs

Q1 a) (v) e) (xi) i) (ix)
  b) (vii) f) (viii) j) (ii)
  c) (vi) g) (xii) k) (iii)
  d) (x) h) (iv) l) (i)

Q2

x	-3	-2	-1	0	1	2	3
x^3	-27	-8	-1	0	1	8	27
+4	4	4	4	4	4	4	4
y	-23	-4	3	4	5	12	31

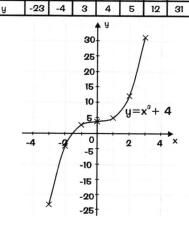

Q3

x	-3	-2	-1	0	1	2	3
$-x^3$	27	8	1	0	-1	-8	-27
-4	-4	-4	-4	-4	-4	-4	-4
y	23	4	-3	-4	-5	-12	-31

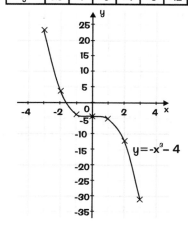

Answers: P54 — P58

Q4

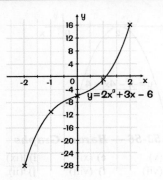

$y=2x^3+3x-6$

Q5

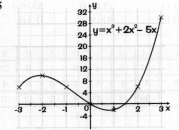

$y=x^3+2x^2-5x$

Q6 a) and b)

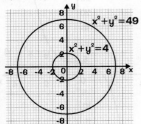

$x^2+y^2=49$
$x^2+y^2=4$

Q7 a) $x^2 + y^2 = 9$
b) $x^2 + y^2 = 144$
c) $x^2 + y^2 = 36$

Q8 radius = 5
$x^2 + y^2 = 25$

Q9 radius = 17
$x^2 + y^2 = 289$

Q10 a) $y = -\dfrac{5}{12}x + \dfrac{169}{12}$

b) $y = \dfrac{12}{5}x - \dfrac{169}{5}$

c) $y = -\dfrac{12}{5}x - \dfrac{169}{5}$

a) and b) are perpendicular.

Q11

x	-4	-3	-2	-1	0	1	2	3	4
y=1/x	-0.25	-0.33	-0.5	-1	n/a	1	0.5	0.33	0.25

$y = 1/x$

Q12 a)

x	-4	-3	-2	-1	0	1	2	3	4
y=2ˣ	0.06	0.1	0.3	0.5	1	2	4	8	16

b)

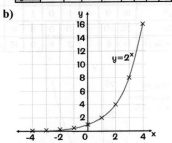

$y=2^x$

c) Anything to the power of 0 is 1.

Q13

x	-3	-2	-1	0	1	2	3
3ˣ	0.04	0.1	0.3	1	3	9	27
6/x	-2	-3	-6	n/a	6	3	2
y=3ˣ - 6/x	2.04	3.1	6.3		-3	6	25

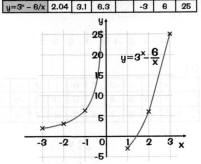

$y=3^x-\dfrac{6}{x}$

Q14 a) to c)

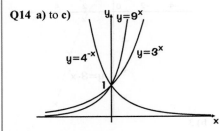

$y=9^x$
$y=4^{-x}$
$y=3^x$

Q15 a) $a = 12$, $b = 3$
b) $S = 12 \times 3^5 = 2916$

Q16 A(180°, 0), B(90°, 1), C(–90°, –1)

Q17 D(270°, 0)   F(0°, 1)
E(90°, 0)   G(–90°, 0)

Q18 A $y = \sin x$ F $y = \sin x$
B $y = \cos x$ G $y = \cos x$
C $y = \cos x$ H $y = \sin x$
D $y = \sin x$ I $y = \cos x$
E $y = \sin x$

Q19

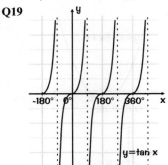

$y=\tan x$

Q20

x	0°	90°	180°	270°	360°
y	2	1	0	1	2

Page 57 — Solving Equations Using Graphs

Q1 a) $x = 3, y = 3$ f) $x = 1, y = 2$
b) $x = 2, y = 5$ g) $x = 2, y = 3$
c) $x = 1, y = 2$ h) $x = 2, y = 3$
d) $x = 1, y = 2$ i) $x = 5, y = 2$
e) $x = 1, y = 4$ j) $x = 3, y = 4$

Q2 a) $x = 0.7, y = 2.7$
b) $x = 1.6, y = 0.9$
and $x = -2.6, y = 9.1$

Q3 a) $x = 0, x = 1$
b) $x = 2.7, x = -0.7$
c) $x = 3.4, x = -2.4$

Q4

x	-4	-3	-2	-1	0	1	2	3	4
-½x²	-8	-4.5	-2	-0.5	0	-0.5	-2	-4.5	-8
+5	5	5	5	5	5	5	5	5	5
y	-3	0.5	3	4.5	5	4.5	3	0.5	-3

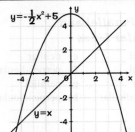

$y=-\dfrac{1}{2}x^2+5$
$y=x$

a) i) $x = 3.2, x = -3.2$ (allow ±0.1)
ii) $x = 4, x = -4$
iii) $x = 2.3, x = -4.3$ (allow ±0.1)
b) $y = 2x + 2$

Pages 58-59 — Graph Transformations

Q1 a) to e)

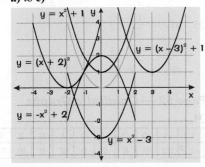

$y = x^2 + 1$
$y = (x - 3)^2 + 1$
$y = (x + 2)^2$
$y = -x^2 + 2$
$y = x^2 - 3$

Q2 a) to d)

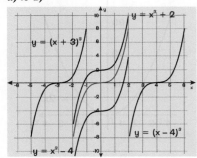

$y = x^3 + 2$
$y = (x + 3)^3$
$y = (x - 4)^3$
$y = x^3 - 4$

e) to h)

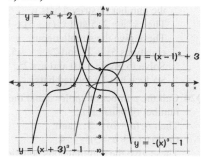

Q3 a)

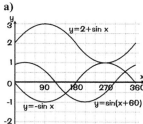

b) (0, 0), (180, 0), (360, 0)

Q4 a) and b)

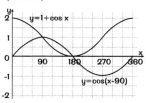

Q5 From the graph, you can see that $y = x^2 - 3x + 2$ has a minimum at (1.5, -0.25).
   a) This is $y = (x^2 - 3x + 2) + 2$.
   So its minimum is at (1.5, 1.75).
   b) This is $y = (x^2 - 3x + 2) - 4$.
   So its minimum is at (1.5, -4.25).
   c) This is $y = -(x^2 - 3x + 2)$.
   So its maximum is at (1.5, 0.25).
   d) This is $y = (-x)^2 - 3(-x) + 2$.
   So its minimum is at (-1.5, -0.25).
   e) $x^2 - 3x + 2 = (x - 1)(x - 2)$
   You need to find the turning point of
   $y = (x - 2)(x - 3)$ which can be written
   as $y = ((x - 1) - 1)((x - 1) - 2)$.
   So its minimum is at (2.5, -0.25).

Q6 $y = -x^3 - 2x + 4$

Page 60 — Real-Life Graphs

Q1 1D, 2B, 3A, 4E, 5C

Q2 a)

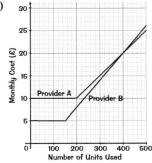

b) i) Provider A: £12.50
   Provider B: £11
   ii) Provider A: £24
   Provider B: £24.80 (accept £25)
c) 400 units

Page 61 — Distance-Time Graphs

Q1 a) 85 mins
   b) 80 mins
   c) 16.9 mph (to 1 d.p.)
   d) 57.6 mph
   e) No, because the total driving time
   is 80 minutes.

Q2 a) B   **b)** 3¾ mins
   c) B
   d) i) 267 m/min (to 3 s.f.)
   ii) 16.0 km/h (to 3 s.f.)
   e) C was the fastest;
   700 m/min or 42 km/h

Q3 a) 3.33 m/s
   b) 3.6 m/s (accept between 3.3 m/s
   and 4 m/s)
   c)

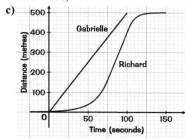

   d) Gabrielle — it takes 100 s for
   Gabrielle to cycle 500 m and 150 s
   for Richard.

Page 62 — Velocity-Time Graphs

Q1 a) 100 km/h   **c)** 100 km/h^2
   b) 2 hours

Q2 a) i) 17.5 km   **ii)** 50 km
   b) 102.5 km

Q3 a)

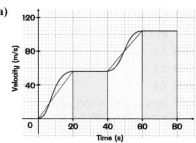

Distance $\approx$
$(\frac{1}{2} \times 20 \times 56) + (20 \times 56)$
$+ (\frac{1}{2} \times (56 + 104) \times 20) + (20 \times 104)$
$= 5360$ m
(Answers will depend on how you've
divided the area into chunks.)
b) Accept between 4 m/s^2 and 6 m/s^2

Page 63 — Gradients of Real-Life Graphs

Q1 a) 4 earwigs per day
   b) Days 8-12
   c) 3 earwigs per day

Q2 a) 6.5 °C per hour (accept between
   5.5 °C per hour and 7.5 °C per hour)
   b) 5.67 °C per hour

Q3 a) 1.6 cm per minute (graph is steepest
   at 8 minutes, accept between
   1.4 cm per minute and
   1.8 cm per minute)
   b) -1.5 cm per minute

Pages 64-65 — Mixed Questions

Q1 a) –2   **c)** $\frac{1}{2}$ **e)** 4
   b) $-\frac{1}{4}$ **d)** $\frac{3}{2}$ **f)** $-\frac{5}{3}$

Q2 a) i) $y = 2x - 4$ **iii)** $y = -x + 6$
   ii) $y = \frac{1}{2}x - 9$ **iv)** $y = -\frac{1}{3}x + 5$
   b) $a = -14$ $c = 3$
   $b = -6$ $d = 21$

Q3

x	-3	1	5
y	-4	1	6

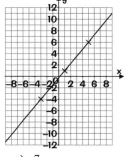

   a) –6.5   **c)** –7
   b) 3.5   **d)** 9

Q4 a) (6, 2)   **b)** (–1, 4)   **c)** $\left(-\frac{1}{2}, 0\right)$

Q5 a) Line B and Line C are parallel.
   b) $y = -\frac{1}{2}x - 10$

Q6

x	-2	-1	0	1	2	3	4	5	6
$-x^2$	-4	-1	0	-1	-4	-9	-16	-25	-36
$3x$	-6	-3	0	3	6	9	12	15	18
y	-6	0	4	6	6	4	0	-6	-14

   a)

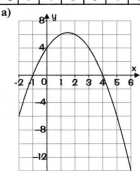

   b) The x-coordinate of the turning point
   is halfway between 1 and 2, so $x = 1.5$
   $y = -(1.5^2) + 3 \times 1.5 + 4 = 6.25$
   So the turning point is at (1.5, 6.25).
   c) It is a maximum. The x^2 term is
   negative, so the curve must be
   upside-down. Therefore the turning
   point will be at the top of the curve.

Q7 radius = 13
   $x^2 + y^2 = 169$

Q8

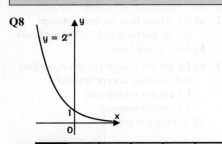

$y = 2^x$

Q9

x	−180°	−90°	0°	90°	180°
y	−1	−2	−1	0	−1

Q10 a) $x = 2, y = 3$

b) $x = 4, y = \frac{3}{2}$

c) $x = \frac{2}{3}, y = 1\frac{2}{3}$

Q11 a)   b)

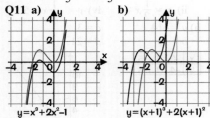

$y=x^3+2x^2-1$ $y=(x+1)^3+2(x+1)^2$

c)   d)

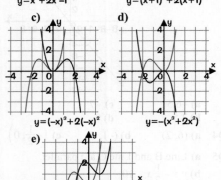

$y=(-x)^3+2(-x)^2$ $y=-(x^3+2x^2)$

e)

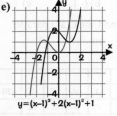

$y=(x-1)^3+2(x-1)^2+1$

Q12 a) 12 minutes

b) 3000 metres ÷ (12 × 60) seconds
= 4.17 m/s (to 2 d.p.)

c) 5 km. The graph shows him travelling very slowly as he cycles up the hill, then suddenly travelling very quickly as he goes down the other side. So he is at the top of the hill at the point where the gradient changes from shallow to steep.

Q13 a) 120 seconds   c) 0.67 m/s² (to 2 d.p.)

b) 20 m/s   d) 7650 m

Q14 a) 4 cm (This is the point where the slope of the line is flattest.)

b) E.g.

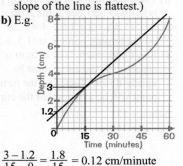

$\frac{3-1.2}{15-0} = \frac{1.8}{15} = 0.12$ cm/minute

Section Four — Ratio, Proportion and Rates of Change

Pages 66-68 — Ratios

Q1 a) i) There are $\frac{2}{5}$ as many cats as dogs.

ii) There are $\frac{5}{2}$ times as many dogs as cats.

b) i) There are $\frac{3}{4}$ as many sprouts as peas.

ii) There are $\frac{4}{3}$ times as many peas as sprouts.

Q2 a) 3:4   d) 9:16   g) 30:1

b) 1:4   e) 7:2   h) 8:5

c) 1:2   f) 9:1   i) 1:3

Q3 a) 6 cm   c) 30.4 m   e) 2.75 cm

b) 11 cm   d) 1.5 cm   f) 7.6 m

Q4 a) £8, £12

b) 80 m, 70 m

c) 100 g, 200 g, 200 g.

d) 1 hr 20 m, 2 hr 40 m, 4 hrs.

Q5 Ayomide 4, Peter 12

Q6 400 ml, 600 ml, 1000 ml

Q7 30

Q8 Jane £40, Holly £48, Rosemary £12

Q9 Sunil got £12, Paul got £16

Q10 a) 250/500 = 1/2   b) 150/500 = 3/10

Q11 a) 245 girls   b) 210 boys

Q12 a) £39   b) £140

Q13 a) 1:300   b) 6 m   c) 3.3 cm

Q14 a) i) 15 kg   ii) 30 kg

b) 8 kg cement, 24 kg sand and 48 kg gravel.

Q15 a) i) 30 fine   ii) 15 not fine

b) 30/45 = 2/3

Q16 a) 45 Salt & Vinegar

b) 90 bags sold altogether

Q17 a) 1:9   c) 1:8.$\dot{6}$

b) 1:0.625   d) 1:2.08$\dot{3}$

Q18 3:8

Q19 2:3

Q20 3:4

Q21 60% of 70% + 20% of 30%
= 0.6 × 70% + 0.2 × 30%
= 42% + 6% = 48%

Q22 $(a + 1) : (b - 8) = 4 : 1$
and $(a + 5) : (b - 10) = 10 : 1$
These give the simultaneous equations
$a + 1 = 4b - 32$ and $a + 5 = 10b - 100$
Solve to give $a = 15$ and $b = 12$.
So the jacket originally cost £15 and the gloves £12.

Q23 a) $\frac{5}{7}$ b) 2:5

c) Call the number of spotted hats x and the number of striped hats y.
Then $x : y = 2 : 5$ and $x : (y - 5) = 1 : 2$.
These give the simultaneous equations $5x = 2y$ and $2x = y - 5$.
Solve to give $x = 10$ and $y = 25$.
So Jack has 10 spotted hats.

Q24 Call the number of apples a and the number of bananas b.
Then $b : (a + b) = 2 : 5$ and $(b - 3) : (a + b - 3) = 1 : 4$.
These give the simultaneous equations $3b - 2a = 0$ and $3b - a = 9$.
Solve to give $a = 9$ and $b = 6$.
So there were originally 9 apples and 6 bananas in the bowl.

Pages 69-70 — Direct and Inverse Proportion

Q1 a) 400 g   b) 300 g

c) She doesn't have enough as she will need 350 g of butter.

Q2 53.77 Pentagonia dollars

Q3 E.g.

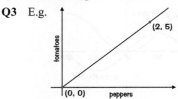

Q4 £510

Q5 25 g

Q6 a) 4 hours

b) 6 hours 12 minutes

c) 2 hours 4 minutes

Q7 a) 4 postal workers

b) E.g. If some postal workers worked at a slower rate, more workers might be needed.

Q8 a) 30 bikes   b) 32 bikes

Q9 a) $y = \frac{1}{5}x$ b) $y = 20$

Q10 a) $y = 184.8$

b) E.g.

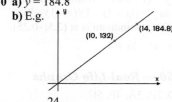

Q11 a) $y = \frac{24}{x}$ b) $y = 2$

Q12 a) $x = 2$

b) E.g.

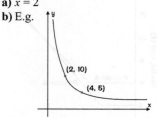

Q13

x	1	2	3	4	5	6
y	48	24	16	12	9.6	8

Q14 a)

x	1	2	5	10
y	100	25	4	1

b)

x	2	4	6	8
y	24	6	2²/₃	1.5

Q15 4 kg

Q16 a) $r = 19.2$ **c)** $r = -37.5$
   b) $s = 2$ **d)** $s = -20$

Q17 9.5 N/kg

Pages 71-73 — Percentages

Q1 a) £1.28   **c)** 16 mins
   b) 629 kg

Q2 72.5%

Q3 a) £4275   **b)** £6840

Q4 1.6%

Q5 500%

Q6 25%

Q7 32%

Q8 £358.80

Q9 £244.40

Q10 23 300 (to 3 s.f.)

Q11 Car 1 costs £8495 × (1 − 0.15) = £7220.75.
Car 2 costs £8195 × (1 − 0.12) = £7211.60.
So car 2 is the cheapest.

Q12 £5980

Q13 £152.75, so no, he couldn't afford it.

Q14 a) £284.25   **b)** £276

Q15 31%

Q16 13%

Q17 a) 67.7%   **c)** 38.1%
   b) 93.5%

Q18 60%

Q19 23%

Q20 £80

Q21 a) 300   **b)** 4 whole years

Q22 a) £2.50   **b)** £1.60

Q23 15%

Q24 38%

Q25 Original area = $0.5ab$

New area = $\dfrac{1.33a \times 0.88b}{2} = 0.5852ab$

% change = $\dfrac{0.5852ab - 0.5ab}{0.5ab} \times 100$

= 17.04% increase

Q26 53%

Pages 74-75 — Compound Growth and Decay

Q1 a) £473.47   **c)** £909.12
   b) £612.52   **d)** £1081.90

Q2 a) 281   **c)** 27 hours
   b) 3036

Q3 a) 8.214 kg   **c)** 7.272 kg
   b) 7.497 kg   **d)** 3.836 kg

Q4 a) £1920.80   **c)** £434.06
   b) £27 671.04   **d)** £34 974.86

Q5 Second option by £2.21

Q6 £3200 (to the nearest £100)

Q7 a) 910.91   **c)** 114.39
   b) 754.32   **d)** about 30 hours

Q8 a) £9980.90   **c)** £27 116.06
   b) £7877.94

Q9 a) 5060   **c)** 5045
   b) 5173   **d)** 6056

Q10 a) £100 000
   b) From 2012-2015 the prices are £100 000, £120 000, £144 000, £172 800. This is a sequence with a common ratio of 1.2 so they form a geometric progression.

Q11 £220.44

Q12 a) 16.85 million
   b) 20.72 million
   c) 14.81 million

Pages 76-77 — Unit Conversions

Q1 1400 cm³

Q2 a) 33 mm   **g)** 0.007 kg
   b) 0.06 kg   **h)** 0.95 kg
   c) 48 in   **i)** 72 in
   d) 3 ft   **j)** 80 oz
   e) 7 ft 3 in   **k)** 100 yd 1 ft
   f) 2 lb 11 oz   **l)** 0.0006 m

Q3 147 kg × 2.2 = 323.4 lbs

Q4 14 gallons = 14 × 4.5 ≈ 63 litres

Q5 9 stone 4 lbs = 130 lbs
130 lbs ÷ 2.2 = 59.1 kg

Q6 Rasima cycled 30 miles = 30 × 1.6 = 48 km. So Barbara cycled furthest.

Q7 a) 18 in = 1.5 feet ≈ 45 cm
   b) 450 mm

Q8 a) 21 feet = 21 × 12 = 252 in
   b) 21 feet = 21 ÷ 3 = 7 yd
   c) 21 feet = 21 × 30 = 630 cm
   d) 630 cm = 630 ÷ 100 000 = 0.0063 km

Q9 a) 60 kg = 60 × 2.2 = 132 lbs
   b) 132 lbs = 132 × 16 = 2112 oz
   c) 10 st. = 140 lbs, so Sylvester can lift most.

Q10 5 lb = 5 ÷ 2.2 = 2.3 kg. So Dick needs to buy 3 bags of sugar.

Q11 a) £52
   b) £35 = €42, so he does have enough money.
   c) From the graph, €15 = £12.50. 1 kg ≈ 2.2 lbs, so steak costs 12.50 ÷ 2.2 ≈ £5.68 per lb.

Q12 a) 40 × 1.6 = 64 km/h
   b) 18.8 × 3600 = 67 680 m/h
67 680 ÷ 1000 = 67.68 km/h
67.68 − 64 = 3.68 km/h, so the car was 3.68 km/h over the speed limit.
   c) 1750 × 3600 = 6 300 000 cm/h
6 300 000 ÷ 100 000 = 63 km/h
64 − 63 = 1, so the car was 1 km/h under the speed limit.

Q13 a) 900 ÷ 100 = 9 cm²
   b) 15 × 1 000 000 = 15 000 000 mm²
   c) 4 × 10 000 = 40 000 cm²
   d) 500 ÷ 10 000 = 0.05 m²

---

   e) 38 × 100 = 3800 mm²
   f) 860 000 ÷ 1 000 000 = 0.86 m²

Q14 a) 2500 × 1 000 000 = 2 500 000 000 cm³
   b) 2500 × 1 000 000 000 = 2 500 000 000 000 mm³

Q15 682 000 ÷ 1000 = 682 cm³
The volume of the brain is bigger than the volume of the skull so the scientist can't be right.

Q16 840 cm³ = 840 ÷ 100³ = 0.00084 m³
2058 g = 2.058 kg
Density = 2.058 ÷ 0.00084 = 2450 kg/m³

Q17 10 miles ≈ 16 km
Matt drinks 135 × 16 = 2160 ml
= 2.16 litres ≈ 2.16 ÷ 4.5 = 0.48 gallons
This costs 0.48 × 95 = 45.6p
= 46p (to the nearest penny)

Pages 78-80 — Speed, Density and Pressure

Q1 a) 100/11 = 9.09 m/s (to 2 d.p)
   b) 32.73 km/h

Q2 7 minutes to go 63 miles so 540 mph.

Q3 $\dfrac{260}{71}$ hours = 3.66 hrs ≈ 3 hrs 40 min
07.05 to 10.30 is 3 hrs 25 mins.
Journey takes over 3 hrs 25 mins, so no.

Q4 a) 98.9 mph (to 3 s.f.)
   b) 99.2 mph (to 3 s.f.)

Q5 a) 2.77 + 1.96 + 0.6 = 5.33 hrs (to 3 s.f.) = 5 hours 20 mins
   b) 46.9 mph (to 3 s.f.)

Q6 2.15pm

Q7 a) 2.23 hrs (2 hrs 14 mins)
   b) 1 hr 49 mins + 10 mins = 1 hr 59 mins
   c) 1346 and 1401

Q8 The first athlete ran at 16000 ÷ (60 × 60) = 4.44 m/s, so was faster than the second athlete (at 4 m/s). The first athlete would take 37.5 mins to run 10 km; the second would take 41.7 mins.

Q9 a) 487.5 km   **b)** 920.8 km
   c) 497.1 km/h

Q10 a) 8.13 m/s   **b)** 7.30 m/s

Q11 a) 220 km   **b)** 5 mins

Q12 180 m at 42 mph takes 4 hrs 17 mins.
180 m at 64 mph takes 2 hrs 49 mins.
So it stops for 1 hr 28 mins.

Q13 a) 4.9 m/s
   b) 24.5 m/s
   c) 14.7 m/s
   d) 17.64 km/h, 88.2 km/h, 52.92 km/h.

Q14 122.5 s, 124.0 s, 127.5 s.

Q15 a) 0.75 g/cm³
   b) 0.6 g/cm³
   c) 0.8 g/cm³
   d) 700 kg/m³ = 0.7 g/cm³

Answers: P79 — P87

Q16 a) 62.4 g
b) 96 g
c) 3744 g (3.744 kg)
d) 75 g
Q17 a) 1176 cm^3
b) 278 cm^3 (to 3 s.f.)
c) 2500 cm^3
d) 45 500 cm^3 (to 3 s.f.)
Q18 34.71 g
Q19 20968 cm^3
Q20 Vol. = 5000 cm^3 = 5 litres
Q21 1.05 g/cm^3
Q22 a) SR flour 1.16 g/cm^3;
granary flour 1.19 g/cm^3
b) 378 ml
Q23 2.7 g/cm^3
Q24 165.23 g
Q25 150 N/m^2
Q26 0.8 m^2
Q27 448 N
Q28 30.59 cm

Pages 81-82 — Mixed Questions

Q1 a) i) 12   **ii)** 20
b) $\frac{1}{5}$
Q2 a) 1 : 6   **c)** 1 : 5.3
b) 1 : 0.25   **d)** 1 : 3.5
Q3 a) 36 hours   **b)** 9 hours
Q4 a) $y = \frac{3}{8}x$
b) $y = 16.5$
Q5 a)

x	1	2	3	16	48
y	24	12	8	1.5	0.5

b)

x	0.5	1	2	3	15
y	3	1.5	0.75	0.5	0.1

Q6 a) £4032   **b)** £4992
Q7 85%
Q8 £720
Q9 a) Account B by £16.11
b) Account A by £1.82
Q10 a) £1226.65
b) £2015.42
Q11 a) 5.6 litres   **d)** 17.5 stone
b) 44 pints   **e)** 108 inches
c) 0.076 metres   **f)** 1376 ounces
Q12 a) 32 gallons
b) 144 litres
c) Tyler has the bigger fish tank by approximately 4500 ml.
Q13 a) £16
b) £56.25 (accept values between £56 and £57)
c) Approximately 31.5 litres
Q14 Irene was 12 mph faster.

Q15 a) 400 cm^3 **b)** 5 g/cm^3
c) 48 g
Q16 616.7 N/m^2

Section Five — Geometry and Measures

Page 83 — Geometry

Q1 a) $x = 47$
b) $y = 154$
c) $z = 22$
d) $p = 35, q = 45$
Q2 a) $a = 146$
b) $m = 131, z = 48$
c) $x = 68, p = 112$
d) $s = 20, t = 90$
Q3 a) $x = 96, p = 38$
b) $a = 108, b = 23, c = 95$
c) $d = 120, e = 60, f = 60, g = 120$
d) $h = 155, i = 77.5, j = 102.5,$
$k = 77.5$
Q4 a) $b = 70$ $c = 30$
$d = 50$ $e = 60$
$f = 150$
b) $g = 21$ $h = 71$
$i = 80$ $j = 38$
$k = 92$
c) $l = 35$ $m = 145$
$n = 55$ $p = 125$
Q5 a) $x = 162$ $y = 18$
b) $x = 87$ $y = 93$
$z = 93$
c) $a = 30$ $2a = 60$
$5a = 150$ $4a = 120$

Page 84 — Parallel Lines

Q1 a) $a = 130°$
b) $b = 56°$
c) $c = 48°$
Q2 a) $d = 72°, e = 50°$
b) $f = 65°, g = 46°$
c) $h = 75°, i = 119°, j = 61°$
Q3 a) $a = 141°, b = 141°, c = 39°,$
$d = 141°, e = 39°$
b) $a = 47°, b = 47°, c = 133°,$
$d = 43°, e = 43°$
c) $m = 140°, n = 140°, p = 134°,$
$q = 46°, r = 40°$
Q4 a) $x = 70°$ **b)** $x = 50°$ **c)** $x = 5°$

Page 85 — Polygons

Q1 Isosceles
Q2

order of rotational symmetry = 6
Q3 $540° – (100° + 104° + 120°)$
$= 216°$ for two equal angles
$\therefore 1$ angle $= 108°$

Q4 a) $90° + 60° = 150°$

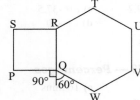

b)

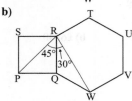

$\angle$PRW $= 75°$
c) $180 – (360/n) = 150$
$180n – 360 = 150n$
$30n = 360 \Rightarrow n = 12$
Q5 a) Interior angle $= 165°$
b) Exterior angle $= 180° – 165° = 15°$
Sum of exterior angles $= 15° \times 24$
$= 360°$
Q6 a)

(Octagon diagram with vertices D, E, C, F, B, G, A, H)

b) Angle CDE = angle DEF
$= \frac{(8 – 2)180}{8} = 135°$
So angle EFC (and angle DCF)
$= \frac{360 – 2(135)}{2} = 45°$
Or exterior angle $= 45° =$ angle EFC,
since EFC and an exterior angle are
alternate angles.
Q7 $(n – 2) \times 180 = 2520, n = 16$
Q8 a) $(6 – 2) \times 180° = 720°$
b) $x + x + 2(x + 20°) + 2(x + 40°) = 720°$
$6x + 120° = 720°$
$6x = 600°, x = 100°$

Page 86 — Triangles and Quadrilaterals

Q1 a) Isosceles triangle
b) Kite
c) Right-angled triangle
d) Rhombus
Q2 128°, 52° and 128°
Q3 a) Parallelogram, rhombus, (isosceles) trapezium
b) 32° and 116°, or 74° and 74°
Q4 $u = 120°,$ $v = 150°$
Q5 a) $y = 20°$ **b)** $y = 36°$

Pages 87-88 — Circle Geometry

Q1 a) BAD = 80° (opposite angle C in cyclic quadrilateral)
b) EAB = 180 – 80 – 30 = 70°

Q2 a) BD = 5 cm (as the tangents BD and CD are equal).

b) Angle COD = 70°
(= 180° − (20° + 90°)), since the tangent CD meets the radius OC at an angle of 90°.

c) Angle COB = 140° (since angle BOD equals angle COD).

d) Angle CAB = 70° (since the angle at the centre (COB) is twice the angle at the circumference (CAB)).

Q3 a) BOE = 106° (angle at centre is twice the angle at the circumference)

b) ACE = 32° (alternate segment theorem)

Q4 a) ACD = 70° (alternate segment theorem)

b) BAD = 180 − (30 + 70) = 80° (opposite angles of a cyclic quadrilateral total 180°)

Q5 a) Angles in the same segment.

b) $3x + 40 = 6x − 50$
$90 = 3x$, so $30 = x$
angle ABD = 3(30) + 40 = 130°

Q6 a) By the alternate segment theorem, angle BCD = 29°, so angle OCE = 90° − 29° = 61° (as a tangent meets a radius at 90°). Then angle CEO = 61° as the triangle is isosceles (it's formed by 2 radii).

b) As OD goes through the centre of the circle, it must be the perpendicular bisector of CE, so angle EDO = 90°.

c) Angle COD = 180° − 90° − 61° = 29°

Q7 a) Angle ABD = 70° (angle at centre is twice the angle at the circumference)

b) Angle ABC = 90° (angle in semicircle)

c) Angle DBC = 20° (= 90° − 70°)

Q8 a) 90° (angle in a semicircle)

b) The angle at A = 90° (tangent and radius are perpendicular). The third angle in the triangle is
180 − 90 − 23 = 67° and so
$x = 90 − 67 = 23°$.
Or, by alternate segment theorem:
x = angle ABC = 23°.

Q9 a) With AD as a chord, angle ABD = ACD = 30° (same segment); angle AXB = 85° (vertically opposite angles). The third angles must be the same in both triangles so the triangles must be similar.

b) Ratio of lengths = $\frac{4}{8} = \frac{1}{2}$
so XB = 7.25 cm

c) Angle BDC = 180 − 85 − 30 = 65°

Q10 Opposite angles in a cyclic quadrilateral add up to 180°, so angle ABC = 180° − 92° = 88°. The angle at the centre of a circle is twice the angle at the circumference, so if X is the centre, angle AXC should equal 88° × 2 = 176°. However, angle AXC = 178°, so X cannot be the centre of the circle.

Page 89 — Congruent Shapes

Q1 ABC and DFE are congruent by SAS (two sides and the angle between them are the same).

Q2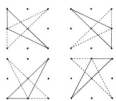

Hence 7 ways to draw another.

Q3 Sides AB and CD are the same, sides AM and CM are the same and sides BM and DM are the same (as M is the midpoint of the diagonals). So triangles ABM and CDM are congruent by SSS (all three sides are the same length).

Q4 Side OC is common to both triangles, sides OA and OB (the hypotenuses) are the same length as they are both radii and angle OCA = OCB = 90°.
So triangles AOC and BOC are congruent by RHS (the right angle, hypotenuse and one other side match up).

Q5 Draw in the bisector of angle ABC and label point D where it meets AC.

This creates two triangles ABD and CBD. Side BD is common to both triangles. Angle ABC has been split in half, so angles ABD and DBC are equal. We know AB and BC are equal. Therefore triangles ABD and CBD are congruent by SAS, so angles CAB and BCA are equal.

Q6 Angles CDB and DBA are alternate angles and therefore equal. Angles DCA and CAB are alternate angles and are therefore equal. Side CE is the same length as side AE. So the triangles are congruent by AAS.

Page 90 — Similar Shapes

Q1 Angle BCD is common to both triangles. Angle EAC = angle DBC (corresponding angles).
Angle AEC = angle BDC (corresponding angles).
So the triangles are similar as all three angles are the same.

Q2 The triangles formed are similar, and 5 ÷ 1 = 5, so the scale factor is 5. So the height of the statue is 30 cm × 5 = 150 cm or 1.5 m.

Q3 a) Angle A shared. Parallel lines make corresponding angles equal so the triangles are similar as all three angles are the same.

b) Ratio of lengths given by $\frac{AB}{AD} = \frac{12}{20} = \frac{3}{5}$
So $x = 25 \times \frac{3}{5} = 15$ cm
Also $\frac{y + 10}{y} = \frac{5}{3}$
=> 2y = 30, y = 15 cm

Q4 a) Triangles APQ and STC (both isosceles and share angle A or C).

b) Ratio AC:AQ = 24:7.5 = 3.2:1 so
AP = 15 × $\frac{1}{3.2}$ = 4.6875 cm
PT = 24 − 2 (4.6875) = 14.625 cm

c) Using $\frac{1}{2}$ × base × height
= $\frac{1}{2}$(24)(9) = 108 cm²

d) Scale factor = $\frac{1}{3.2}$
Area scale factor = $\frac{1}{10.24}$
Area of triangle APQ = 108 × $\frac{1}{10.24}$
= 10.546... = 10.5 cm² (to 3 s.f.)

e) 108 − 2 (10.546...) = 87 cm² (to 2 s.f.)

Q5 a) All lengths must be enlarged in the same ratio for them to be similar.

b) 4 litres

Pages 91-92 — The Four Transformations

Q1 a) to f) — see diagram.

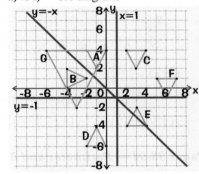

g) Rotation of 180°, centre (3, 0)

Q2 a), b), d), e), f) — see diagram

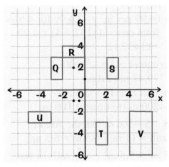

c) Rotation 180° about (0, 2).

g) 90° rotation anticlockwise about $\left(-\frac{1}{2}, -\frac{1}{2}\right)$, or 90° rotation clockwise about (-2, -6).

Q3 a), b) — see diagram.

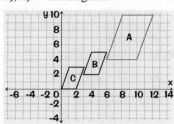

c) Ratio of areas C:A = 1:4

Q4 a), b), c) — see diagram.

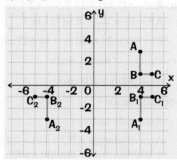

d) Rotation of 180° about (0, 0)

Q5 a)

b) $\overrightarrow{QO} = \begin{pmatrix} -3 \\ -4 \end{pmatrix}$

T $= \begin{pmatrix} 11 \\ 8 \end{pmatrix} + \begin{pmatrix} -3 \\ -4 \end{pmatrix} = \begin{pmatrix} 8 \\ 4 \end{pmatrix}$, see diagram

c) $\begin{pmatrix} -1 \\ 2 \end{pmatrix} + \begin{pmatrix} 8 \\ 4 \end{pmatrix} + \begin{pmatrix} -3 \\ -4 \end{pmatrix} + \begin{pmatrix} -4 \\ -2 \end{pmatrix} = \begin{pmatrix} 0 \\ 0 \end{pmatrix}$

Pages 93-94 — Perimeter and Area

Q1 a) l = 24, w = 12, area = 288 m²
 b) 1 Carpet tile = 0.50 × 0.50 = 0.25 m²
  So 288 m² ÷ 0.25 = 1152 tiles are required.
 c) £4.99 per m² => £4.99 for 4 tiles
  Total cost = (1152 ÷ 4) × 4.99
  = £1437.12

Q2 Perimeter = $4 \times \sqrt{9000}$
 = 379.47 m (2 d.p.)
 Anandi ran: 11 × 379.47
 = 4200 m (to nearest 100 m)

Q3 48 ÷ 5 = 9.6 m length. Area of
 1 roll = 11 m × 0.5 m = 5.5 m².
 48 m² ÷ 5.5 m² = $8\frac{8}{11}$ rolls of turf
 required. Of course 9 should be ordered.

Q4 Base length = 4773 ÷ 43 = 111 mm

Q5 Each square = 0.6 m × 0.6 m = 0.36 m².
 Total area of material
 = 6 × 0.36 = 2.16 m²

Q6 Area = ½ × 8.2 × 4.1 = 16.81 m²
 Perimeter = 10.8 + 4.474... + 8.2
 = 23.5 m (to 3 s.f.)

Q7 Area of larger triangle
 = ½ × 14.4 × 10 = 72 cm²
 Area of inner triangle
 = ½ × 5.76 × 4 = 11.52 cm²
 Area of metal used for a bracket
 = 72 – 11.52 = 60.48 cm² so NO,
 bracket is too heavy for the fixing.

Q8

Area = 4 × Area of shaded triangle
= 4 × (½ × 3.5 × 5.5) = 38.5 km²

Q9 T_1: ½ × 8 × 16 = 64 m²
 Tr_1: ½ × 8 × (8 + 16) = 96 m²
 Tr_2: ½ × 4 × (8 + 12) = 40 m²
 T_2: ½ × 8 × 12 = 48 m²
 Total area of glass sculpture = 248 m²

Q10 a) Area of each isosceles triangle =
  ½ × 2.3 × 3.2 = 3.68 m²
 b) Area of each side =
  $(\sqrt{3.2^2 + 1.15^2}) \times 4 = 13.601...$
  = 13.6 m² (to 3 s.f.)
  Groundsheet = 2.3 × 4 = 9.2 m²
 c) Total material = 2 × 3.68 + 9.2 +
  2 × 13.601... = 43.8 m² (to 3 s.f.)

Q11 a) Perimeter = x + x + ½x + x + x + ½x
  = 5x cm
 b) Area = 2x × ½x = x² cm²

Q12 3x + 3 = 4x, so x = 3.
 Perimeter of trapezium = 39 cm.

Q13 Areas: x² = y(3x + 1)
 Perimeters: 4x + 6 = 6x + 2 + 2y
 Solving these equations simultaneously
 gives x = -0.32, y = 2.32,
 or x = 1.57, y = 0.43 (correct to 2 d.p.).
 x and y must both be positive, so the
 solution is x = 1.57, y = 0.43.

Page 95 — Area — Circles

Q1 B = major sector
 C = chord
 D = tangent

Q2 a) 117.67 m² to 2 d.p.
 b) 45.238... = 45 m to 2 s.f.
 c) 46.5 m to 1 d.p.
 d) 14.159... = 14.2 cm² to 3 s.f.

Q3 a) Area = area of a full circle radius
  10 cm.
  A = πr² = π × 10² = 314 cm² to 3 s.f.
  Circumference = π × D
  = π × 20 = 62.831... cm
  So perimeter = 62.831... + 20
  = 82.8 cm to 3 s.f.

b) Area = (area of a full circle radius
 15 cm) + (area of a rectangle 15 ×
 30 cm) = (π × 15²) + (15 × 30)
 = 1156.9 cm² to 1 d.p.
 Perimeter = (Circumference of a full
 circle radius 15 cm) + 15 + 15
 = (π × 30) + 30 = 124.2 cm to 1 d.p.
c) Area = Outer semi circle – Inner semi
 circle = 510.5 m² to 1 d.p.
 Perimeter = ½ Circumference of outer
 + ½ Circumference of inner + 5 + 5
 = ½ × π × 70 + ½ × π × 60 + 10
 = 214.2 m to 1 d.p.

Q4 a) ABDC = $\frac{60}{360} \times \pi(30)^2 - \frac{60}{360} \times \pi(20)^2$
  = 261.79... = 261.8 mm² (to 1 d.p.)
 b) 2(½π5²) = 78.53... mm².
  Hence 261.79... + 78.53...
  = 340.3 mm² (to 1 d.p.)
 c) Length of inner arc = $\frac{60}{360} \times \pi \times 20 \times 2$
  = 20.943... mm
  Length of outer arc = $\frac{60}{360} \times \pi \times 30 \times 2$
  = 31.415... mm
  Circumference of two semicircles
  = π × 10 = 31.415... mm
  Total perimeter = 20.943... + 31.415...
  + 31.415... = 83.8 mm (to 1 d.p.)

Q5 a) 80/360 × π × 5² = 17.453... cm²
  = 17.45 cm² (to 2 d.p.)
 b) Area of triangle AOB =
  $\frac{1}{2} \times 5 \times 5 \times \sin 80°$ = 12.310...
  = 12.31 cm² (to 2 d.p.)
  Shaded Area = 17.453... – 12.310...
  = 5.14 cm² (to 2 d.p.)

Page 96 — 3D Shapes — Surface Area

Q1 No, Hannah would need more than
 603 cm².

Q2 Surface area = 4 × π × 3²
 = 113.10 cm² (to 2 d.p)

Q3 Surface area of cone = πrl + πr²
 = (π × 1.5 × 8) + (π × 1.5²)
 = 44.77 cm² (to 2 d.p)
 Height of triangular prism = $\sqrt{3^2 - 1.5^2}$
 = $\sqrt{6.75}$ = 2.598... cm
 Surface area of triangular prism =
 $2(\frac{1}{2} \times 3 \times 2.598...) + 3(3 \times 8)$
 = 79.79 cm² (to 2 d.p.)
 Therefore the triangular prism has the
 greater surface area.

Q4 Surface area of hemisphere =
 $\pi r^2 + \frac{1}{2}(4\pi r^2)$
 75π = 3πr²
 r² = 25, radius = 5 cm

Q5 AB² = 2² + 1.5² AB = 2.5 m
 1 panel on roof = ½AB × $\frac{5}{2}$
 = 1.25 × 2.5 = 3.125 m²
 Front of greenhouse = (2.5 × 4) +
 (½ × 4 × 1.5) = 13 m²
 Total = 3.125 + 13 = 16.125 m²

Q6 **a)** Surface area = $4(\frac{1}{2} \times 20 \times 31.6) + 20^2$
= 1664 m²
b) 1664 − 400 = 1264
1264 ÷ 15 = 84.266... so he will need
85 tins of paint

Pages 97-99 — 3D Shapes — Volume

Q1 **a)** $\frac{1}{2}\pi(0.35)^2 = 0.1924... = 0.192$ m²
b) $0.1924... \times 3 = 0.577$ m³

Q2 **a)** $\pi(2.5^2 − 2^2) = 7.07$ m²
£16 × 7.07 = £113.12 = £110 to nearest £10.
b) Volume = $\pi(2)^2 \times 0.50 = 6.28$ m³
$6.28 \times 15 = 94$ ml to nearest ml

Q3 **a)** Volume Cube = Volume Cylinder
$10^3 = \pi r^2 \times 10$ so $r^2 = \frac{10^2}{\pi}$,
$r = 5.64$ cm
b) S.A. of cylinder = $2\pi rh + 2\pi r^2$ =
$2\pi \times 5.64... \times 10 + 2\pi \times (5.64...)^2$
= 554.49 cm²

Q4 **a)** $\pi(5)^2(16) = 1257$ cm³
b) $\pi(5)^2 h = 600$
$h = \frac{600}{25\pi} = 7.64$ cm

Q5 $(3)(3)(0.5) − \pi(0.7)^2(0.5) = 3.73$ cm³

Q6 Volume $= \frac{4}{3}\pi r^3 = \frac{4}{3} \times \pi \times 15^3$
= 14 137 cm³

Q7 Volume $= \frac{1}{3} \times (230 \times 230) \times 139$
= 2 451 033 m³

Q8 $(\pi \times (2)^2 \times 110) +$
$(\frac{1}{2}(14 + 20) \times 6 \times 20) = 3422.30$ cm³
$2 \times 3422.30 = 6844.60$ cm³ = 6.84 l

Q9 **a)** (60)(30) + (30)(120) = 5400 cm²
b) 5400 × 100 = 540 000 cm³
= 0.54 m³

Q10 Volume of 1 bauble: $\frac{4}{3}\pi r^3 = \frac{4}{3} \times \pi \times 3^3$
= 113.097... cm³
5 ml per second = 5 cm³/s
Time taken to fill 1 bauble:
113.097... ÷ 5 = 22.619... seconds
Time taken to fill 10 baubles:
22.619... × 10 = 226.194... s
= 3 minutes and 46 seconds
(to the nearest second)

Q11 **a)** $\frac{1}{2}(\frac{4}{3}\pi(1.3)^3) + \pi(1.3)^2 \times 1.8$
$+ \frac{1}{3}\pi(1.3)^2 \times 1.2 = 16.28$ cm³
b) Volume of sand in hemisphere and cone parts remain the same so change is in cylindrical part.
Therefore $h + 0.3 = 1.8$,
$h = 1.5$ cm.
c) Volume of sand transferred =
$\frac{1}{2}(\frac{4}{3}\pi(1.3)^3) + \pi(1.3)^2 \times 1.5$
= 12.57 cm³
Time Taken = $\frac{12.57}{0.05} \approx 251$ secs.
= 4 minutes 11 secs

Q12 **a)** Volume of ice cream
$= \frac{1}{3}\pi(R^2H − r^2h) + \frac{1}{2}(\frac{4}{3}\pi R^3)$
$= \frac{1}{3}\pi(2.5^2 \times 10 − 1^2 \times 4)$
$+ \frac{1}{2}(\frac{4}{3}\pi \times 2.5^3)$
= 93.99 cm³ of ice cream.
b) Outer surface area of cone = πRl
Using Pythagoras,
$l^2 = 10^2 + 2.5^2 = 106.25$,
$l = 10.3$ cm. So S.A. =
$\pi \times 2.5 \times 10.3 = 81.0$ cm²

Q13 Vol. increase is a cylinder of height 4.5 cm. So vol. increase =
$\pi(5)^2 \times 4.5 = 353.4$ cm³.
Volume of each marble = $\frac{353.4}{200}$
= 1.767 cm³
$\frac{4}{3}\pi r^3 = 1.767 \Rightarrow r = 0.75$ cm

Q14 **a)** $x(3 − x)(5 − x)$ m³
or $(x^3 − 8x^2 + 15x)$ m³
b)

x	0	1	2	3
V	0	8	6	0

c)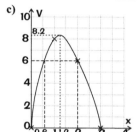

d) about 8.2 m³
e)
ends	2(1.2)(1.8) =	4.32	+
side faces	2(1.2)(3.8) =	9.12	+
tops	2(3.8)(1.8) =	13.68	
So surface area is about		27.12 m²	

f) $x = 2$ or $x = 0.6$
If $x = 0.6$:
ends	2(0.6)(2.4) =	2.88	+
side faces	2(0.6)(4.4) =	5.28	+
tops	2(2.4)(4.4) =	21.12	
		29.28 m²	

If $x = 2$:
ends	2(2)(1) =	4	+
side faces	2(2)(3) =	12	+
tops	2(1)(3) =	6	
		22 m²	

Maximum Total S.A. ≈ 29.28 m²

Q15 **a)** The cross-section is a trapezium, so area = $\frac{1}{2}(5 + 11) \times 4 = 32$ cm²
b) 500 cm³ per minute = 8.333... cm³/s
Speed = 8.333... ÷ 32 = 0.260 cm/s
(3 s.f.)

Page 100 — More Enlargements

Q1 **a)** 2 end faces 2 × (2 × 3) = 12 cm²
2 side faces 2 × (5 × 3) = 30 cm²
Top & bottom 2 × (5 × 2) = 20 cm²
Total = 62 cm²
b) SF for length = 4
SF for area = 16
new area = 62 × 16
= 992 cm²

Q2 Widths in ratio 2:3, so volumes in ratio 8:27.
Volume = $30 \times \frac{27}{8} = 101$ litres

Q3 (scale factor)³ = 1200 ÷ 150 = 8, which means scale factor = 2
Surface area of small tin = 600 ÷ 2²
= 150 cm²

Q4 **a)** (scale factor)² = 237.5 ÷ 38 = 6.25, which means scale factor = 2.5
Height of cuboid B = 4 × 2.5 = 10 cm
b) Volume of cuboid B is 2.5³ = 15.625 times the volume of cuboid A (V_A).
$(V_A \div 15.625\, V_A) \times 100 = 6.4\%$

Q5 **a)** In m³, the volume = $\frac{1}{3}\pi(1^2)(1)$
= 1.0471... m³
= 1.05 m³ (to 3 s.f.)
b) 50 cm
c) ratio = 1:2³ = 1:8
d) Volume of small cone =
$1.0471... \times \frac{1}{8} = 0.131$ m³ (to 3 s.f.)
e) $\frac{1}{8}$ of original volume has been removed, leaving $\frac{7}{8}$. So ratio is 7:1.

Page 101 — Projections

Q1 **a)** Front elevation:

b) Side elevation:

c) Plan:

Q2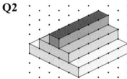

Q3 Using a scale of 1 cm = 1 m, your drawing should be as below:
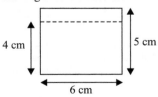

Q4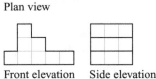
Plan view
Front elevation   Side elevation

Answers: P102 — P105

Pages 102-103 — Loci and Construction

Q1

Not to scale

Q2 a) and b)

Not to scale

Q3 a) and b)

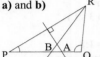

Not to scale

Length BA = 0.9 cm (accept 0.8 cm)

Q4

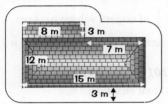

Not to scale

Q5 a) and b)

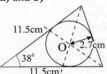

Not to scale
Radius of the circle = 2.7 cm

Q6 a) A circle with diameter AB.
b) and c)

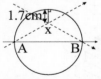

Not to scale

d) The ship comes 1.7 cm = 0.85 km from the rock.

Q7 a)

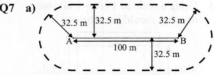

b) Distance around dashed path =
$(2 \times 100) + (\pi \times 65) = 404.2$ m

Q8

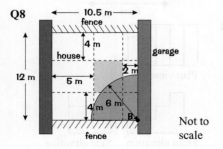

Not to scale

Q9 a)

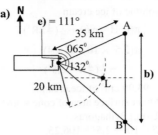

b) Length = 8.6 cm equivalent to 43 km (accept 44 km).
c) 35 km in 2.5 hrs, so speed
$= \frac{35}{2.5} = 14$ km/h
d) and e) see diagram

Q10

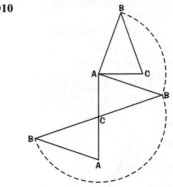

Page 104 — Bearings

Q1 a) 245°   b) 310°
c) 035°   d) 131°
e) 297°, 028°, 208°

Q2 a)

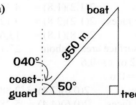

i) 268 m (accept 265-271)
ii) 225 m (accept 222-228)
b) $350^2 = 122\,500$
$225^2 + 268^2 = 122\,449$

Q3

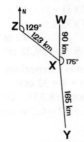

a) 96 km (accept 94-98)
b) 255 km (accept 253-257)
c) 266 km (accept 264-268)
d) 156° (accept 154-158)
e) 082° (accept 080-084)
f) 177° (accept 175-179)

Q4

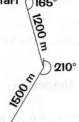

2500 m (accept 2450-2550),
010° (accept 008-012)

Pages 105-106 — Mixed Questions

Q1 a) $k = 22°$, $j = 68°$
b) $s = 55°$, $t = 113°$
c) $x = 12°$, $y = 83°$, $z = 38°$
d) $r = 120°$, $u = 60°$
e) $m = 65°$, $n = 73°$, $o = 42°$
f) $a = 57°$, $b = 118°$, $c = 119°$

Q2 a) i) $\angle DEF = (3 \times 180°) \div 5 = 108°$
ii) $\angle AHG = 2 \times (360° - 180° - 108°)$
$= 144°$
iii) $\angle HGA = (180° - 144°) \div 2 = 18°$
b) i) 5   ii) 1

Q3 a) Equilateral triangle
b) Rectangle
c) Rhombus
d) Scalene triangle

Q4 a) AOC is 126°
(triangle AOC is isosceles)
b) ABC is 63° (angle at centre is twice the angle at the circumference)
c) ADC is 117° (opposite angles in a cyclic quadrilateral total 180°)

Q5 E.g. Opposite sides and angles in a parallelogram are equal. The triangles are congruent by SAS (two sides and the angle between them are the same).

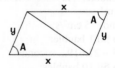

Q6 a) $a = (71.5 \div 26) \times 4 = 11$ cm
b) The angles in both triangles are the same, so $b = 180° - (2 \times 72°) = 36°$

Q7 a), b), c), d) — see diagram.

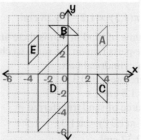

e) 90° rotation anticlockwise about (-3, 5) OR 90° rotation clockwise about (-1, 2).

Q8 **a)** $(7 \times 3) \times 8 = 168$ cm^2

b) $\frac{1}{2}((7 + 14) \times 7) \times 2 = 147$ cm^2

c) $7 + 7 + 7 + 7 + 7 + 7 + 7 + 7 = 56$ cm

Q9 **a)** 20 cm^2 **c)** 72 cm^2

b) 57 m **d)** 31 m

Q10 SA of cube $= 26^2 \times 6 = 4056$ cm^2

SA of cuboid $= 2 \times (40 \times 25) +$
$2 \times (15 \times 25) + 2 \times (15 \times 40) = 3950$ cm^2

SA of sphere $= 4\pi \times 18^2 = 4071.5$ cm^2

SA of cylinder $= 2 \times (\pi \times 23^2) +$
$2\pi \times 23 \times 27 = 7225.7$ cm^2

SA of cone $= \pi \times 19^2 + \pi \times 19 \times 49$
$= 4058.9$ cm^2

So the cone has the closest surface area.

Q11 Full pool volume $= \pi \times 65^2 \times 45$
$= 597\ 295.30...$ ml

$0.7 \times 597\ 295.30... = 418\ 106.71...$ ml
$= 418.106...$ litres

$418.106... \div 540$
$= 0.7742...$ hours $= 0.7724... \times 60$
$= 46$ minutes (nearest minute)

Q12 **a)** SA of cone A
$= \pi \times 9^2 + \pi \times 9 \times 15 = 216\pi$ cm^2

b) Scale factor$^2 = 10\ 584\pi \div 216\pi = 49$
so Scale factor $= 7.$ $9 \times 7 = 63$ cm

c) $h_v = 12 \times 7 = 84$ cm

Volume of a cone $= \frac{1}{3}\pi r^2 h$
$= \frac{1}{3} \times 63^2 \times 84 \times \pi = 111\ 132\pi$ cm^3

Q13 **a)**, **b)**, **c)** — see diagram.

Front elevation 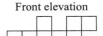   Plan view

 Side elevation

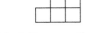

Q14 **a)**, **b)** — see diagram.

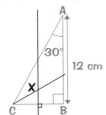

Q15 **a)**

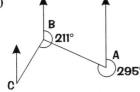

b) i) 132 m (accept 130-134)

ii) 080° (accept 078-082)

Section Six — Pythagoras and Trigonometry

Pages 107-109 — Pythagoras' Theorem

Q1 **a)** 10.8 cm **f)** 7.89 m

b) 6.10 m **g)** 9.60 cm

c) 5 cm **h)** 4.97 cm

d) 27.0 mm **i)** 6.80 cm

e) 8.49 m **j)** 8.5 cm

Q2 $a = 3.32$ cm $f = 8.62$ m

$b = 6$ cm $g = 6.42$ m

$c = 6.26$ m $h = 19.2$ mm

$d = 5.6$ mm $i = 9.65$ m

$e = 7.08$ mm $j = 48.7$ mm

Q3 $k = 6.55$ cm $q = 7.07$ cm

$l = 4.87$ m $r = 7.50$ m

$m = 6.01$ m $s = 9.45$ mm

$n = 12.4$ cm $t = 4.33$ cm

$p = 5.22$ cm $u = 7.14$ m

Q4 9.7 m

Q5 **a)** 12 cm, 7.94 cm

b) 40.9 cm

c) 89.7 cm^2

Q6 314 m

Q7 91.9 cm

Q8 5.0 m

Q9 4.58 m

Q10 AB: 5 (don't need Pythagoras)

CD: $\sqrt{10} = 3.16$

EF: $\sqrt{13} = 3.61$

GH: $\sqrt{8} = 2.83$

JK: $\sqrt{5} = 2.24$

LM: $\sqrt{26} = 5.10$

PQ: $\sqrt{20} = 4.47$

RS: $\sqrt{45} = 6.71$

TU: $\sqrt{13} = 3.61$

Q11 **a) i)** 5

ii) $\sqrt{17} = 4.12$

iii) 5

iv) $\sqrt{58} = 7.62$

v) $\sqrt{26} = 5.10$

b) parallelogram

Q12 **a)** $\sqrt{41} = 6.40$

b) $\sqrt{98} = 9.90$

c) $\sqrt{53} = 7.28$

d) $\sqrt{34} = 5.83$

e) 4 (don't need Pythagoras here)

f) $\sqrt{37} = 6.08$

Q13 **a)** $\sqrt{10} = 3.16$

b) $\sqrt{130} = 11.40$

c) $\sqrt{8} = 2.83$

d) $\sqrt{233} = 15.26$

e) $\sqrt{353} = 18.79$

f) 10

Q14 192 km

Q15

13.9 km from the starting point.

Q16 Right-angled triangle with shorter sides of length 2 and 3 units. E.g.

Pages 110-112 — Trigonometry — Sin, Cos, Tan

	(tan)	(sin)	(cos)
Q1 a)	0.306	0.292	0.956
b)	8.14	0.993	0.122
c)	0.0875	0.0872	0.996
d)	0.532	0.469	0.883
e)	1	0.707	0.707

Q2 $a = 1.40$ cm $c = 5.31$ cm

$b = 6$ cm $d = 10.8$ cm

$\theta = 28.1°$

Q3 $e = 12.6$ cm $g = 6.71$ m

$f = 11.3$ cm $h = 30.1$ cm

$\theta = 49.5°$

Q4 $i = 4.89$ cm $k = 5.32$ cm

$j = 3.79$ cm $l = 41.6$ cm

$\theta = 52.4°$

Q5 $m = 5\sqrt{3}$ cm $s = 9.5$ cm

$n = 10\sqrt{3}$ cm $t = \dfrac{116\sqrt{3}}{3}$ cm

$p = 11.5$ cm $u = \dfrac{58\sqrt{3}}{3}$ cm

$q = \dfrac{23\sqrt{3}}{2}$ cm $v = \dfrac{33\sqrt{2}}{4}$ cm

$r = \dfrac{19\sqrt{2}}{2}$ cm $w = \dfrac{33\sqrt{2}}{4}$ cm

Q6 **a)**

b) 36.9°

Q7 **a)**

b) 59.0° **c)** 31.0°

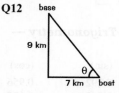

Q8 a) (graph)

b) 71.6° **d)** 71.6°
c) 36.9°

Q9 2.1 m

Q10 62°

Q11 20.5°

Q12

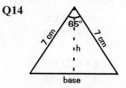

θ = 52.1°, bearing = 322°

Q13 a) both 30.8 cm
b) 27.5 cm **c)** 385 cm²

Q14

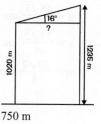

height = 5.90, base = 7.52,
so area = 22.2 cm².

Q15 a) $5\sqrt{3}$ cm **c)** $25\sqrt{3}$ cm²
b) 5 cm

Q16 a) 10.8 cm
b) 150.8 cm² **c)** 21.0°

Q17

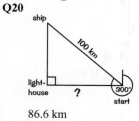

Q18 b = 14.4 m

Q19 $\sin 60° + \cos 45° = \dfrac{\sqrt{3}}{2} + \dfrac{1}{\sqrt{2}}$

$= \dfrac{\sqrt{3}}{2} + \dfrac{1 \times \sqrt{2}}{\sqrt{2} \times \sqrt{2}} = \dfrac{\sqrt{3}}{2} + \dfrac{\sqrt{2}}{2}$

$= \dfrac{\sqrt{3} + \sqrt{2}}{2}$

Q20

86.6 km

Pages 113-115 — The Sine and Cosine Rules

Q1 a = 4.80 cm   f = 5.26 cm
b = 25.8 mm   g = 9.96 cm
c = 13.0 cm   h = 20.2 mm
d = 8.89 m   i = 3.72 m
e = 18.4 cm   j = 8.29 cm

Q2 k = 51°   r = 64°
l = 46°   s = 18°
m = 15°   t = 49°
p = 40°   u = 88°
q = 36°

Q3 a = 23°   c = 98°
b = 17°

Q4 a = 63°   f = 5.6 cm
b = 45°   g = 49°
c = 8.9 cm   h = 53°
d = 27°   i = 5.0 mm
e = 10.5 cm

Q5 a) 82° **b)** 52° **c)** 46°

Q6 12.0 m

Q7 a) 28.8 km **b)** 295.5°

Q8

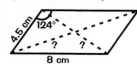

Diagonals 11.2 cm and 6.6 cm.

Q9

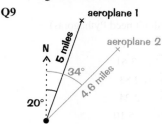

Distance = 1.2 miles.
The alarm should be ringing because the planes are less than 3 miles apart, so the software seems reliable.

Q10 a) 16.9 m **c)** 25.8 m
b) 12.4 m **d)** 19.5 m

Q11

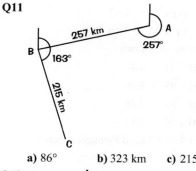

a) 86° **b)** 323 km **c)** 215°

Q12 a)

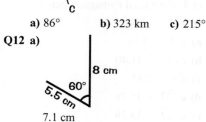

7.1 cm

---

b)

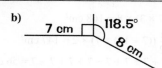

14.5 cm
(118.5° comes from the fact that the minute hand is at 19.75 mins.
19.75 ÷ 60 × 360 = 118.5)

c)

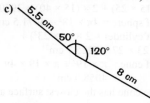

13.5 cm

Q13 35 mm

Q14 Kite

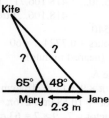

Mary's string = 5.85 m
Jane's string = 7.13 m

Q15 a) 18.1 cm² **d)** 29.5 m²
b) 8.5 m² **e)** 16.3 cm²
c) 198.6 cm² **f)** 12.8 mm²

Q16 a) 963.9 m² **d)** 52.6 m²
b) 17.4 m² **e)** 9.2 mm²
c) 7.9 cm² **f)** 8.2 cm²

Q17 a) Area of patio = 115.1 m²,
so area of grass = 164.9 m²
b) Length AC = 24.5 m,
so length CD = 14.3 m

Q18 a) 0.65 m²
b) x = 1.4

Page 116 — 3D Pythagoras and Trigonometry

Q1 a) 59.0° **c)** 25 cm
b) 23.3 cm **d)** 21.1°

Q2 a) 42.5 cm **b)** 50.9 cm

Q3 a) 36.1 cm, 21.5 cm, 31.0 cm
b) 36.9 cm

Q4 The 85p box

Q5 a) 3.82 cm
b) 45.8 cm²
c) 137.5 cm³

Q6 a) $\sqrt{208} + \sqrt{89} + \sqrt{169} = 36.9$ cm
b) 39.8°
c) 60.0 cm²

Pages 117-118 — Vectors

Q1 a) (pentagon diagram with vertices D, C, B, E, A)

b) i) $\begin{pmatrix} -1 \\ -4 \end{pmatrix}$ ii) $\begin{pmatrix} 4 \\ 0 \end{pmatrix}$ iii) $\begin{pmatrix} 5 \\ 4 \end{pmatrix}$

c) Isosceles

Q2 a) $\begin{pmatrix} 2 \\ 1 \end{pmatrix}$ **p+q**

b) $\begin{pmatrix} 2 \\ 5 \end{pmatrix}$ **p-q**

c) $\begin{pmatrix} 6 \\ -2 \end{pmatrix}$ **2r**

d) $\begin{pmatrix} 1 \\ 1 \end{pmatrix}$ **s+p**

e) $\begin{pmatrix} 6 \\ 10 \end{pmatrix}$ **2p-2s**

f) $\begin{pmatrix} -1 \\ -8 \end{pmatrix}$ **3q+s**

g) $\begin{pmatrix} 6 \\ 0 \end{pmatrix}$ **2r-q**

h) $\begin{pmatrix} 6 \\ -3 \end{pmatrix}$ **½q+2r**

i) $\begin{pmatrix} 0 \\ -1 \end{pmatrix}$ **p+2s**

j) $\begin{pmatrix} -6 \\ 0 \end{pmatrix}$ **q-2r**

Q3 a) $2y$ d) $2y + 2x$

b) $y + x$ e) $4y + 2x$

c) $-y - x$ f) $2x$

Q4 $l = j + 2k$
$m = -j + k$
$n = -2j$

Q5 a) $\overrightarrow{XY} = -\frac{3}{2}a + 2b$

b) $\overrightarrow{XZ} = \frac{5}{2}a - b$

Q6 a) i) $\overrightarrow{ED}$ or $\overrightarrow{AF}$ v) $\overrightarrow{BE}$
ii) $\overrightarrow{EF}$ or $\overrightarrow{DC}$ vi) $\overrightarrow{AC}$
iii) $\overrightarrow{AE}$ or $\overrightarrow{FD}$ vii) $\overrightarrow{EC}$ or $\overrightarrow{AB}$
iv) $\overrightarrow{BA}$ viii) $\overrightarrow{EB}$

b) i) 48 cm² ii) 60 cm²

Q7 $\overrightarrow{AB} = -2a - 4b$
$\overrightarrow{DC} = -a - 2b$
$\overrightarrow{AB} = 2\overrightarrow{DC}$
$\overrightarrow{AB}$ is a scalar multiple of $\overrightarrow{DC}$, so the vectors must be parallel.

Q8 $\overrightarrow{FG} = 2x + 4y$

Q9 $\overrightarrow{NR} = \frac{27}{4}a + 9b$

Q10 $\overrightarrow{EG} = -\frac{3}{5}a + \frac{6}{5}b$

Q11 a) i) $2a$ ii) $b - 2a$ iii) $a - b$
b) $\overrightarrow{AC} = -2b + 2a = 2(a - b) = 2\overrightarrow{PQ}$
Since $\overrightarrow{AC}$ is a multiple of $\overrightarrow{PQ}$ they must both be in the same direction and therefore parallel.

Pages 119-120 — Mixed Questions

Q1 a = 10.6 cm f = 11.8 cm
b = 10.3 cm g = 11.6 m
c = 5.20 m h = 17.1 m
d = 10.8 cm i = 15.8 m
e = 3.87 m j = 9.75 m

Q2 Base length = $\sqrt{5.9^2 - 5.4^2} = 2.376...$
area = $0.5 \times 5.4 \times 2.376... = 6.4178...$
$= 6.42$ m² (2 d.p.)

Q3 a) 4.47 d) 4.47
b) 10.8 e) 14.3
c) 5.39 f) 13.9

Q4 a = 54.3° d = 5.86 cm
b = 11.6 cm e = 33.5°
c = 65.2°

Q5 160 cm

Q6 Height = $3\sqrt{3} \sin 60° = 3\sqrt{3} \times \frac{\sqrt{3}}{2}$
$= 4.5$ cm
Area = $0.5 \times (8 + 4) \times 4.5 = 27$ cm²

Q7 a = 2.6 cm f = 35.0°
b = 5.8 m g = 5.3 cm
c = 6.8 cm h = 115.5°
d = 116.1° i = 7.8 m
e = 16.2° j = 26.9°

Q8 a) 39.2 cm² d) 21.2 m²
b) 23.6 cm² e) 9.60 m²
c) 10.5 cm²

Q9 a) 10.0 m b) 72.7 m²

Q10 a) 18.0 cm b) 56.3°

Q11 a) $\begin{pmatrix} -3 \\ 6 \end{pmatrix}$ **-3x + 6y**

b) $\begin{pmatrix} 3 \\ 13 \end{pmatrix}$ **3x + 13y**

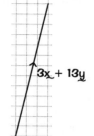

c) $\begin{pmatrix} -9 \\ 8 \end{pmatrix}$ **-9x + 8y**

d) $\begin{pmatrix} 2 \\ -1 \end{pmatrix}$ **2x - y**

Q12 a) $x + y$ d) $\frac{1}{2}(x - z)$
b) $\frac{1}{2}(x + y)$ e) $\frac{1}{2}x + y + \frac{1}{2}z$
c) $\frac{1}{2}(y - x)$ f) $\frac{1}{2}(y + z)$

Section Seven — Probability and Statistics

Page 121 — Probability Basics

Q1 a) $\frac{1}{2}$ c) $\frac{1}{6}$
b) $\frac{2}{3}$ d) 0
And so the letters should be arranged approximately like this on the number line.

d   c   a   b
|_____|_____|
0   ½   1

Q2 The probability of a head is still $\frac{1}{2}$.

Q3 a) $\frac{5}{12}$ c) $\frac{3}{12} = \frac{1}{4}$
b) $\frac{4}{12} = \frac{1}{3}$ d) $\frac{9}{12} = \frac{3}{4}$

Q4 $1 - 0.27 = 0.73$ or $\frac{73}{100}$

Q5 a) $\frac{40}{132} = \frac{10}{33}$
b) P(car being blue or green) = $\frac{45}{132}$
P(not blue or green) = $\frac{87}{132} = \frac{29}{44}$

Q6 Debbie's chance of winning would be $\frac{1}{9}$. This is greater than 0.1, so she would choose to play.

Q7 $1 - (5 - 4y) = 4y - 4$

Q8 a) $x = 0.02$ b) 0.48

Answers: P122 — P126

Page 122 — Counting Outcomes

Q1 a) (1,1), (1,2), (1,3), (1,4), (1,5), (1,6), (1,7), (2,1), (2,2), (2,3), (2,4), (2,5), (2,6), (2,7), (3,1), (3,2), (3,3), (3,4), (3,5), (3,6), (3,7)

b)

	1	2	3	4	5	6	7
1	2	3	4	5	6	7	8
2	3	4	5	6	7	8	9
3	4	5	6	7	8	9	10

c) $\frac{1}{7}$ **e)** $\frac{2}{7}$

d) $\frac{11}{21}$ **f)** $\frac{5}{7}$

Q2

	1	2	3	4	5
1	1,1	1,2	1,3	1,4	1,5
2	2,1	2,2	2,3	2,4	2,5
3	3,1	3,2	3,3	3,4	3,5
4	4,1	4,2	4,3	4,4	4,5
5	5,1	5,2	5,3	5,4	5,5
6	6,1	6,2	6,3	6,4	6,5

a) $\frac{1}{30}$ **c)** $\frac{6}{30} = \frac{1}{5}$

b) $\frac{2}{30} = \frac{1}{15}$

Q3 a) 3

b) $3 \times 3 \times 3 \times 3 \times 3 = 243$

c) $\frac{243}{100\,000} = 0.00243$

Q4 a) $3 \times 5 \times 2 = 30$

b) $(3 \times 5) + (3 \times 2) + (5 \times 2)$
$= 15 + 6 + 10 = 31$

Pages 123-124 — Probability Experiments

Q1 a)

Outcome	Frequency
W	8
D	5
L	7

b) The 3 outcomes are not equally likely.

c) $\frac{5}{20} = \frac{1}{4}$

d) They are most likely to win.

e) 14

Q2 a) $\frac{2}{5}$ **c)** $\frac{2}{3}$

b) $\frac{4}{15}$ **d)** 12

Q3 a) $\frac{14}{40} = \frac{7}{20} = 0.35$

b) $\frac{24}{60} = \frac{2}{5} = 0.4$

c) $\frac{38}{100} = \frac{19}{50} = 0.38$

Q4 a) $\frac{13}{150}$ **b)** $\frac{4}{80} = \frac{1}{20} = 0.05$

---

c) i) The red dice looks more likely to be biased. If you rolled an unbiased dice 250 times you would expect each of the 10 numbers to come up 25 times, but on the red dice, 10 came up 38 times, which is 13 more than you'd expect.

ii) You could gather more data by carrying out more rolls of the dice and seeing if the red dice continued to land on 10 more frequently than expected.

Q5 a) 8   **b)** 40   **c)** $\frac{43}{80}$

d) They'd each get closer to $\frac{1}{10}$.

Q6 a)

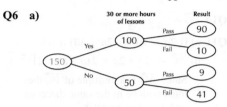

b) $\frac{9}{50}$

c) 11 (to the nearest whole number)

Q7 a) Ed's, because he has carried out the experiment more times.

b) Using Ed's results, the probability the toast landed buttered side down is $\frac{28}{62} = \frac{14}{31}$. So the probability of both landing buttered side down is $\frac{14}{31} \times \frac{14}{31} = \frac{196}{961} = 0.204$ (to 3 d.p.).
(Or you could estimate the probability by combining Kristina and Ed's results — this gives a probability of $\left(\frac{34}{70}\right)^2 = 0.236$ (to 3 d.p.).)

Page 125 — The AND / OR Rules

Q1 a) 0.0625

b) 0.1875

Q2 a) $\frac{10}{20} = \frac{1}{2}$

b) $\frac{4}{20} = \frac{1}{5}$

c) i) The events are not mutually exclusive (i.e. they can both happen together, since 5 and 15 are odd numbers and multiples of 5) — so P(A and B) does not equal zero.

ii) $\frac{12}{20} = \frac{3}{5}$

d) P(multiple of 3) $= \frac{6}{20}$

P(even number) $= \frac{10}{20}$

P(multiple of 3 and even) $= \frac{3}{20}$

So P(multiple of 3 or even number)
$= \frac{6}{20} + \frac{10}{20} - \frac{3}{20} = \frac{13}{20}$

Q3 P(no six in 1 roll) $= \frac{5}{6} = 0.83...$

P(no sixes in 2 rolls)
$= \left(\frac{5}{6}\right)^2 = \frac{25}{36} = 0.69...$

P(no sixes in 3 rolls)
$= \left(\frac{5}{6}\right)^3 = \frac{125}{216} = 0.57...$

P(no sixes in 4 rolls)
$= \left(\frac{5}{6}\right)^4 = \frac{625}{1296} = 0.48...$

So 4 times.

Q4 a) $\frac{7}{12}$ **b)** $\frac{5}{12}$

c) The two events are not mutually exclusive — they can both happen at the same time, since 3 is a white.

Q5 a) $\frac{2}{52} + \frac{2}{52} = \frac{1}{13}$

b) i) $\frac{1}{2} \times \frac{1}{52} = \frac{1}{104}$ **ii)** $\frac{1}{52} \times \frac{1}{2} = \frac{1}{104}$

iii) $\frac{1}{104} + \frac{1}{104} = \frac{2}{104} = \frac{1}{52}$

Q6 a) P(green then blue)
$= \frac{n}{16} \times \frac{16-n}{15} = \frac{16n-n^2}{240}$

b) Because the probability of getting a blue card with the second pick depends on whether or not a green card was selected with the first pick.

c) P(blue then green)
$= \frac{16-n}{16} \times \frac{n}{15} = \frac{16n-n^2}{240}$
So P(one card of each colour)
$= 2 \times \frac{16n-n^2}{240} = 0.4$
i.e. $n^2 - 16n + 48 = 0$
i.e. $(n-12)(n-4) = 0$
i.e. $n = 12$ or $n = 4$.
But since more than half the cards are green, $n = 12$.

Page 126 — Tree Diagrams

Q1

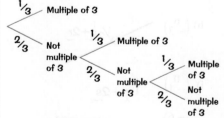

$1 - \left(\frac{2}{3}\right)^2 = 0.555...$,

but $1 - \left(\frac{2}{3}\right)^3 = 0.703...$, so 3 times.

Q2

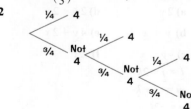

a) $\frac{3}{16}$ **b)** $\frac{37}{64}$

Q3 a) $\frac{1}{4}$ **b)** $\frac{1}{2}$ **c)** $\frac{1}{2}$

Q4 a)

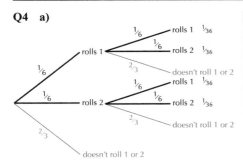

So P(total = 2 after 2 rolls)
$$= \frac{4}{36} = \frac{1}{9}$$

b)

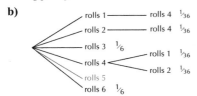

So P(total = 3 after 1 or 2 rolls)
$$= \left(4 \times \frac{1}{36}\right) + \left(2 \times \frac{1}{6}\right) = \frac{4}{9}$$

Page 127 — Conditional Probability

Q1 a)

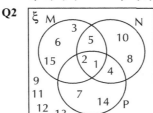

b) $\frac{18}{35}$

c) $\frac{3}{7}$

Q2 P(Jo sleeps well and runs well)
$$= \frac{2}{3} \times 0.8 = \frac{2}{3} \times \frac{4}{5} = \frac{8}{15}$$

Q3 a)

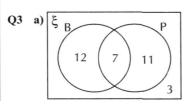

b) $\frac{28}{55}$ **c)** $\frac{46}{165}$

Q4 a) $\frac{1}{13}$ **c)** $\frac{36}{143}$

b) $\frac{83}{143}$ **d)** $\frac{6}{143}$

Pages 128-129 — Sets and Venn Diagrams

Q1 a) 5 **c)** 8
b) 2, 4, 7, 8 **d)** 3, 5, 9

Q2

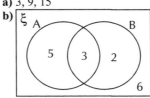

Q3 a)

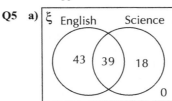

b) i) $\frac{19}{33}$ **ii)** $\frac{15}{33} = \frac{5}{11}$

Q4 a) 3, 9, 15
b)

c) i) $\frac{8}{16} = \frac{1}{2}$ **iii)** $\frac{11}{16}$

ii) $\frac{3}{16}$

Q5 a)

b) $\frac{39}{57} = \frac{13}{19}$

Q6 a) i) 373
ii) 147
iii) 261
iv) 494

b) $\frac{207}{1000}$

c) $\frac{344}{420} = \frac{86}{105}$

Q7 a) $x^2 + 2x + 22 = 121$
So $x^2 + 2x - 99 = 0$
i.e. $(x + 11)(x - 9) = 0$
This means $x = 9$.

b) $\frac{22}{121} = \frac{2}{11}$ **c)** $\frac{2}{7}$

Page 130 — Sampling and Bias

Q1 a) All 20- to 30-year-old women
b) All the public parks in London
c) All the squirrels in Britain
d) All football players in the Premier League

Q2 a) All the moorland dung beetles in the UK
b) Because it would be extremely difficult and impractical for him to be sure that he had surveyed every single moorland dung beetle in the UK.

Q3 E.g. Reason 1 — the average wage of three people who are the same age might not be representative of the whole population (e.g. a 16-year-old may earn less than a 19-year-old).
Reason 2 — the sample is too small, so it won't be representative of the whole population.

Q4 a) People in a newsagent's are likely to be there to buy a newspaper.
b) At that time on a Sunday, people who go to church are likely to be at church.

Q5 a) The sample is not random and so might not be representative of all the cakes.
b) Number all the cakes from 1 to 50, reading across each row. Generate 5 random numbers (e.g. using a calculator, computer program or by picking numbers out of a bag) between 1 and 50. Select the 5 cake weights that correspond to the 5 numbers you have generated.

Q6 a) 315
b) The people in the two schools might be very different and have very different television viewing habits. This would mean his combined sample may not represent either school fairly.

Page 131 — Collecting Data

Q1 a) Qualitative **c)** Quantitative
b) Quantitative **d)** Qualitative

Q2 a) Discrete **c)** Discrete
b) Continuous **d)** Continuous

Q3 E.g.

Length of time (mins)	1-10	11-20	21-30	31-40	41-50
Number of people	5	10	5	5	5

Q4 a) There is no time period specified / the question is subjective – "very often" can mean different things to different people.
b) Any sensible answer with tick boxes, e.g. "How many times a week do you visit the school canteen? None, 1-2 times, 3-4 times or more than 4 times."

Answers: P131 — P139

Q5 **a)** The question is ambiguous because the age classes overlap, e.g. someone who's 30 could go in either the 18-30 or 30-40 group.
  b) Change the answers to: Under 18, 18 to 30, 31 to 40, 41 to 60, over 60

Pages 132-133 — Mean, Median, Mode and Range

Q1 3 tries
Q2 mean = 1.333 (to 3 d.p.)
  median = 1.5
  mode = 2
  range = 11
Q3 **a)** 3.5 **b)** 3.5 **c)** 5
Q4 **a)** 0 minutes
  b) 0 minutes
  c) 0 minutes
  d) No, according to the raw data.
Q5 **a)** 22 **b)** 74
Q6 73.5 kg
Q7 20 kg
Q8 97%
Q9 **a)** Both spend a mean of 2 hours.
  b) The range for Jim is 3 hours and for Bob is 2 hours.
  c) The amount of TV that Jim watches each night is more variable than the amount that Bob watches.
Q10 **a)** 1 day **b)** 2 days
  c) The statement is true according to the data, since 68 out of 88 (= 77%) of the cards arrive within 2 days.
Q11 2 (for 8, 8, 8, 9, 9, 10, 10)
Q12 6 (for 2, 2, 6, 7, 8)

Pages 134-135 — Frequency Tables — Finding Averages

Q1 **a)**

Subject	Frequency
Maths	5
English	7
French	3
Art	4
Science	6

  b) 36 French lessons
  c) English
Q2 **a)** 12 **b)** 12
Q3

Length (m)	Frequency
4 and under	3
6	5
8	6
10	4
12	1
14 and over	1

  a) 8 m **b)** 8 m **c)** 14 m
Q4 **a)** 52 kg **b)** 53 kg **c)** 4 kg

d)

Weight (kg)	Frequency	Weight × Frequency
51	40	2040
52	30	1560
53	45	2385
54	10	540
55	5	275

So mean = 52.3 kg (to nearest 0.1 kg)

Q5 mean = 3.75
  mode = 3
  median = 4
Q6 **a)** 4 **b)** 3 **c)** 3.2 (to 1 d.p.)
Q7 **a)** False, mode is 8.
  b) False, they are equal.
  c) True

Page 136 — Grouped Frequency Tables

Q1 **a)**

Weight (w, in kg)	Tally	Frequency (f)
200≤w<250	IIII	4
250≤w<300	HH	5
300≤w<350	HH IIII	9
350≤w<400	II	2

  b) $300 \le w < 350$ kg
  c) $300 \le w < 350$ kg

Q2 **a)**

Speed (s, in km/h)	40≤s<45	45≤s<50	50≤s<55	55≤s<60	60≤s<65
Frequency	4	8	10	7	3
Mid-Interval	42.5	47.5	52.5	57.5	62.5
Frequency × Mid-Interval	170	380	525	402.5	187.5

  Estimated mean = 52.0 km/h
  b) 22 skiers **c)** 62.5%
Q3 **a)** $0 \le n < 0.2$ and $0.4 \le n < 0.6$
  b) $0.4 \le n < 0.6$
  c) 0.483 s (to 3 d.p.)
  d) 18 out of 48 = 37.5% of the times are less than 0.4 s.
  [Either] Less than 40% of the times are below 0.4 s, so the claim is incorrect. [Or] Rounding the percentage to one significant figure, 40% of the times are less than 0.4 s, so the claim is correct.

Pages 137-138 — Box Plots

Q1 **a)** 75% **b)** 50
  c) The interquartile range. This can be a more reliable measure of how spread out the data is because it's not affected by outliers.
Q2 **a)** 1020 – 80 = 940
  b) 510
  c) 700
  d) 840
  e)

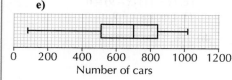

0   200   400   600   800   1000   1200
Number of cars

Q3 **a)** 65 g
  b) $Q_1 = 60$ g and $Q_3 = 68$ g
  c)

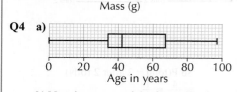

50   55   60   65   70   75   80
Mass (g)

Q4 **a)**

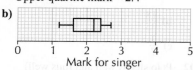

0   20   40   60   80   100
Age in years

  b) No, since none of the facts contain any information about the number of people in Polygonia.
Q5 **a)** *Run For Your Life* and *Fear Like You've Never Known Before*
  b) E.g. The interquartile range for *Scream For All You're Worth* is lower than that for *Fear Like You've Never Known Before*, showing the number of visitors was more consistent from day to day.
    The maximum and minimum values for *Fear Like You've Never Known Before* and *Scream For All You're Worth* are very similar, showing that the quietest and the busiest days on each ride involved similar numbers of people.
  c) *Ride of Ghastly Terrors* — its median number of visitors is the smallest.
  d) *Scream For All You're Worth* — its median number of visitors is the largest.
Q6 **a)** Minimum mark = 1.2
    Maximum mark = 2.7
    Median mark = 2.2
    Lower quartile mark = 1.6
    Upper quartile mark = 2.4
  b)

0   1   2   3   4   5
Mark for singer

  c) The marks for the impressionist seem to be generally higher than those for the singer — the median, maximum, minimum and quartiles are all higher for the impressionist.
    The spread of the data is also greater for the impressionist, showing that these marks varied much more than the marks for the singer did.

Pages 139-140 — Cumulative Frequency

Q1 Accept:
  a) 133-134 **c)** 136-137
  b) 127-128 **d)** 8-10

Answers: P139 — P142

Q2 a)

Number of passengers, n	$0 \leq n < 50$	$50 \leq n < 100$	$100 \leq n < 150$	$150 \leq n < 200$	$200 \leq n < 250$	$250 \leq n < 300$
Frequency	2	7	10	5	3	1
Cumulative Frequency	2	9	19	24	27	28
Mid-Interval	25	75	125	175	225	275
Frequency × Mid-Interval	50	525	1250	875	675	275

Estimated mean = 130.4 passengers

b)

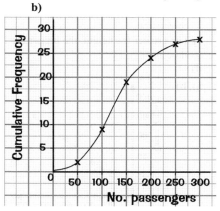

accept median of 118-128 passengers

c) $100 \leq n < 150$

Q3 a)

Mark (m%)	$0 \leq m < 20$	$20 \leq m < 40$	$40 \leq m < 60$	$60 \leq m < 80$	$80 \leq m < 100$
Frequency	2	12	18	5	3
Cumulative Frequency	2	14	32	37	40

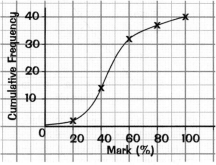

b) 33%-38%   **d)** 44%-47.5%
c) 19%-26%   **e)** 52%-56%

Q4 a) $61 \leq t < 71$ **b)** $61 \leq t < 71$
c)

Time (t, mins)	Frequency	Cumulative frequency
$31 \leq t < 41$	4	4
$41 \leq t < 51$	12	16
$51 \leq t < 61$	21	37
$61 \leq t < 71$	32	69
$71 \leq t < 81$	19	88
$81 \leq t < 91$	8	96
$91 \leq t < 101$	4	100

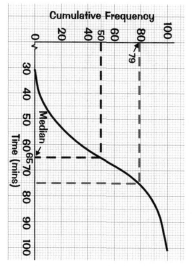

Median = 65 minutes (approximately)
d) Approximately 21
e) It assumes that the times in the $71 \leq t < 81$ class are distributed in such a way that the number of times less than 75 minutes can be read directly from the graph.

Q5 a) Approximately 31 (=120 – 89)
b) Approximately 7%
c) Approximately 76 bulbs had a lifetime of more than 1100 hours. So approximately 63% of the bulbs had a lifetime of more than 1100 hours — this means the data does not back up the managing director's claim.

Pages 141-143 — Histograms and Frequency Density

Q1 $4 \times 10 = 40$ people
Q2

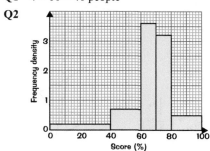

Q3 a) See graph.
b) Frequency for $150 < x \leq 200 = 275$
c)

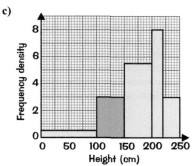

Q4 a)

Weight (kg)	$0 \leq w < 2$	$2 \leq w < 4$	$4 \leq w < 7$	$7 \leq w < 9$	$9 \leq w < 15$
Frequency	3	2	6	9	12
Frequency density	1.5	1	2	4.5	2

b)

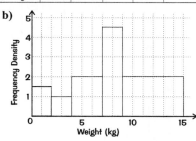

c) 23 hives

Q5 a)

No. of hours	Frequency	Frequency density
$0 \leq h < 1$	6	6
$1 \leq h < 3$	13	6.5
$3 \leq h < 5$	15	7.5
$5 \leq h < 8$	9	3
$8 \leq h < 10$	23	11.5
$10 \leq h < 15$	25	5
$15 \leq h < 20$	12	2.4

b) 103 students
c) $8 \leq h < 10$ (i.e. the class with the highest frequency density)
d)

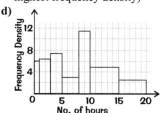

e) 41 students

Q6 a)

Milk (litres)	Frequency	Frequency density	Mid-interval	Frequency × mid-interval
$0 \leq C < 1$	6	6	0.5	3
$1 \leq C < 5$	6	1.5	3	18
$5 \leq C < 8$	6	2	6.5	39
$8 \leq C < 10$	6	3	9	54
$10 \leq C < 15$	6	1.2	12.5	75
$15 \leq C < 20$	6	1.2	17.5	105

b) 20 litres
c) 8.2 litres (to 1 d.p.)
d)

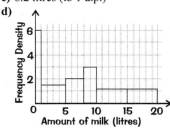

e) 16 days

Q7 a)

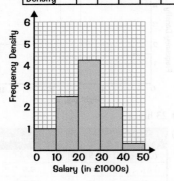

Salary S, (£1000s)	$0 \leqslant S < 10$	$10 \leqslant S < 20$	$20 \leqslant S < 30$	$30 \leqslant S < 40$	$40 \leqslant S < 50$
Frequency	10	25	42	20	3
Frequency Density	1	2.5	4.2	2	0.3

b) E.g. there are more people with higher salaries now than 10 years ago.

Q8 a) He has plotted the frequency, not the frequency density.

b)

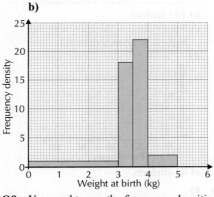

Q9 You need to use the frequency densities shown on the histogram to calculate the frequencies, as in this table.

Class	Frequency density	Frequency	Mid-interval value (x)	fx
0-20	7	140	10	1400
20-25	28	140	22.5	3150
25-30	45	225	27.5	6187.5
30-35	37	185	32.5	6012.5
35-40	18	90	37.5	3375
40-60	11	220	50	11 000
		1000		31 125

So an estimate of the mean test score is
$31\ 125 \div 1000 = 31.1$ (to 1 d.p.)

Pages 144-145 — Other Graphs and Charts

Q1 $\dfrac{360°}{100} = 3.6°$ per gram

Carbohydrate	$3.6 \times 35 = 126°$
Protein	$3.6 \times 15 = 54°$
Fat	$3.6 \times 10 = 36°$
Magical Fairy Dust	$3.6 \times 40 = \underline{144°}$
	$360°$

Q2 Sherrington 380 000 = 146° (approx)
2600 visitors ≈ 1°
So, to the nearest 10 000:
Brompton = 2600 × 119° ≈ 310 000
Barny = 2600 × 44° ≈ 110 000
Livsea = 2600 × 51° ≈ 130 000

Q3 a) Monday, Wednesday and Thursday
b) Monday
c) 14

Q4 It's not possible to tell whether more people voted for the Green Party in 2010, because you can't tell how many people voted in either election.

Q5 a) About 60%
b) About 10%

Q6 a) See the graph below.
b) 4
c) The 4-point moving averages you need to plot are: 20.75, 21.25, 21.75, 22.25, 24.5, 25.25, 25.5, 26, 25.75, 25.75, 26.5, 27.25, 25.75
The trend is shown by the straight line on the graph. It is clearly rising as time passes, showing that the amount spent on sun cream rises as the years pass.

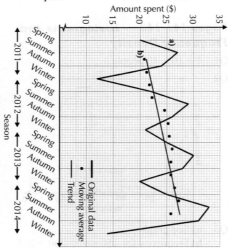

Q7 Complaints have stopped rising, so that part of the statement is true. But there are still about 10 850 per month, every month — this suggests the products aren't being made to a higher quality. The second part of the statement doesn't seem to accurately describe the data.

Page 146 — Scatter Graphs

Q1 a)

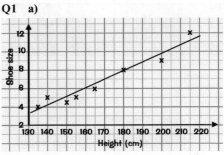

b) The variables show a strong positive correlation.
c) The greater the height, the bigger the shoe size.
d) 9

Q2 a), b)

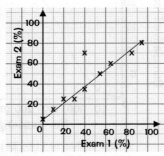

c) Candidate 5
d) Approximately 45%

Q3 a), b)

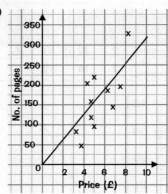

c) There is a weak positive correlation between the price of a cookery book and the number of pages it contains.
d) An accurate reading from your line of best fit, e.g. £8.
e) A book with 450 pages doesn't fall inside the range of the data, so the line of best fit may not be valid for this many pages.

Q4 a)

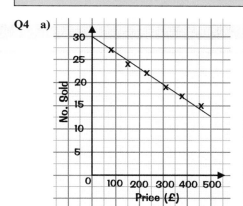

b) i) 20 (to nearest whole number)
ii) £140 (± £10)
c) The data shows a strong negative correlation.

Pages 147-148 — Mixed Questions

Q1 a)

		Pile 1			
		1	4	8	11
Pile 2	2	3	6	10	13
	3	4	7	11	14
	5	6	9	13	16

b) i) 0   **ii)** $\frac{1}{6}$ **iii)** $\frac{1}{2}$

Q2) a) 8000
b) 0.125

Q3 a) $\frac{1}{4}$ **b)** 6 times

Q4 a) 0.0025   **b)** 0.025

Q5 a)

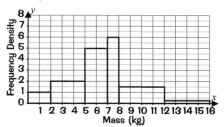

b) 0.62

Q6 P(at least one bouncy ball)
= 1 – P(no bouncy balls)
= $1 - \left(\frac{8}{12} \times \frac{7}{11} \times \frac{6}{10}\right) = \frac{41}{55}$

Q7 a) 0.17
b) 0.6

Q8 E.g. the sample is too small, so won't be representative of the whole population.

Q9 a) 26   **c)** 22
b) 28.5   **d)** 25

Q10 a) $45 < h \le 60$ **c)** 39.4 cm
b) $30 < h \le 45$ **d)** 30%

Q11 a) Sparrows
b) Robins
c) No. E.g. if the maximum number of robins turned up on the same day as the minimum number of sparrows, then there would have been 7 robins and 6 sparrows.

d) i) Sparrows: 16 – 6 = 10
Pigeons: 9 – 1 = 8
Robins: 7 – 2 = 5
ii) Sparrows: 14 – 8 = 6
Pigeons: 8 – 3.5 = 4.5
Robins: 6 – 3 = 3

Q12 a) Approximately 18 kg
b) Lower quartile is approximately 10.5 kg and upper quartile is approximately 25.5 kg.
c) Approximately 15 kg

Q13 a)

Mass (M, in kg)	$0 \le M < 2$	$2 \le M < 5$	$5 \le M < 7$	$7 \le M < 8$	$8 \le M < 12$	$12 \le M < 16$
Frequency	2	6	10	6	6	1
Frequency Density	1	2	5	6	1.5	0.25

b)

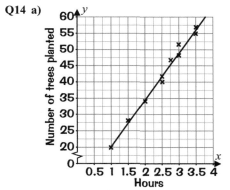

b) 13

Q14 a)

b) Approximately 31 trees

For prices & info...

...scan me now!

www.cgpbooks.co.uk